ILS CATEGORIA I-II-III

Conforti, Facundo Jorge
    ILS CAT I-II-III : aviación en simples pasos / Facundo Jorge Conforti. - 1a edición para el alumno - Mar del Plata : Facundo Jorge Conforti, 2016.
    200 p. ; 21 x 14 cm. - (How Does it Work? ; 5)

    ISBN 978-987-42-2456-9

    1. Avión. 2. Aviones. 3. Aviación. I. Título.
    CDD 387.7

Fecha de Catalogación: 20/10/2016

ILS CAT I-II-III

Facundo Conforti, 2016. V1.2

ISBN 978-987-42-2456-9

Queda hecho el deposito que establece la Ley 11.723. Libro de edición argentina. No se permite la reproducción total o parcial, el almacenamiento, el alquiler, la transmisión o la transformación de este libro, en cualquier formato o por cualquier medio, sea electrónico o mecánico, mediante fotocopias, digitalización u otros métodos, sin el permiso previo y escrito del editor. Su infracción está penada por las Leyes 11.723 y 25.446.

PRÓLOGO

Sabiendo que las exigencias de las líneas aéreas comerciales para sus pilotos son cada día mas altas, queremos formar a nuestros lectores con lo mejor de la aviación comercial para que, al llegar a una línea aérea, nada les resulte nuevo o difícil de aprender y es por tal motivo que este manual de la biblioteca aeronáutica estará basado en procedimientos ILS en sus diferentes "Categorías" de operación según las condiciones meteorológicas reinantes en el aeródromo.

Comenzando con todas las aproximaciones ILS de categoría I, utilizadas en cualquier aeropuerto equipado con su correspondiente equipo, pasando luego, por las aproximaciones de categoría II, las cuales operan con márgenes meteorológicos mas reducidos, hasta llegar a las conocidas como ILS CAT III, donde las aeronaves pueden aterrizar prácticamente sin visibilidad y con el aeropuerto bajo mínimos meteorológicos hasta hacerlo casi sin ver la pista.

Disfruten de cada línea leída, de cada ejemplo explicado y de cada gráfico observado. Vuelvan a leer cada lección una y otra vez, ya que, si este libro se desgasta de tanto uso, ¡habrá cumplido con su misión!

Bienvenidos a la Aviación!

Facundo Conforti

Biblioteca Aeronáutica
aviación en simples pasos

CAPÍTULO 1

SISTEMA ILS

Fundamentos de Operación de ILS Categoría   11
Componentes de un ILS   13
Radiobalizas   16
Requerimientos Operativos   18
Definiciones   20
Ayudas Visuales   27
Operaciones "AWO"   41
Información ILS en Cartas Instrumentales (Jeppesen)   42

CAPÍTULO 2

ILS CATEGORIA I (ILS CAT I)

Operaciones ILS CAT I   53
Volando un ILS (parte 1)   54
Información ILS desde la cabina (parte 1)   59
Información ILS desde la cabina (parte 2)   66
Volando un ILS (parte 2)   71
Ejercicio Práctico ILS   78

CAPÍTULO 3

ILS CATEGORIA II (ILS CAT II)

Operaciones ILS CAT II (parte 1)   87
Operaciones ILS CAT I (parte 2)   89
Preparación del descenso para un ILS CAT-II   93
Volando un ILS CAT II   108

CAPÍTULO 4

ILS CATEGORIA III (ILS CAT III)

Operaciones ILS CAT III	129
Preparación del descenso para un ILS CAT-III	132
Volando un ILS CAT III (parte 1)	138
Volando un ILS CAT III (parte 2)	148
Low Visibility Taxi	165
Low Visibility TakeOff	184
Cuestionario Final	187

CAPÍTULO 1

SISTEMA ILS

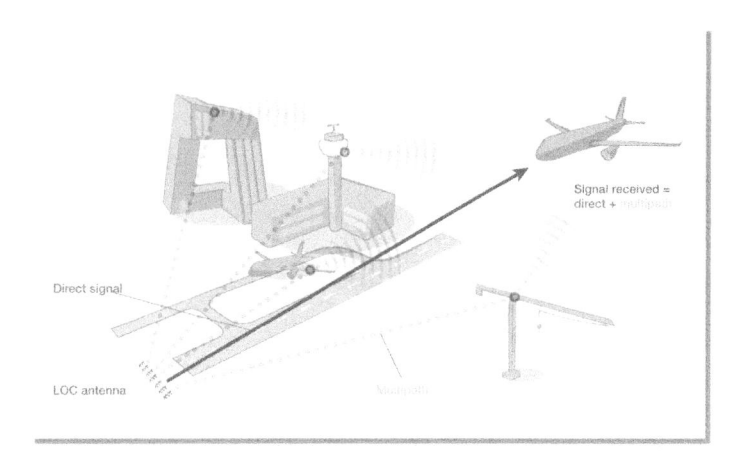

Fundamentos operativos de ILS CAT

El mayor enemigo de la navegación aérea es la baja visibilidad y especialmente en las operaciones de aproximación, aterrizaje y despegue ya que en esos momentos es imprescindible tener referencias visuales del entorno próximo y en particular del terreno. En un avión, el aterrizaje es una operación de precisión, en ocasiones irreversible, que se realiza entre 300-400 Km/h y perdiendo altura continuamente. De ahí la necesidad de disponer de un procedimiento y unas ayudas visuales e instrumentales que garanticen total seguridad. En lo referente a la aproximación y el aterrizaje, las operaciones de baja visibilidad se dividen en categorías dependiendo de los mínimos meteorológicos y de los objetivos operacionales que se pretendan conseguir:

Operación de Categoría I: Aproximación y aterrizaje de precisión por instrumentos hasta una altura de decisión no inferior a 60 m y con una visibilidad no inferior a 800 m o un alcance visual en la pista (RVR: Runway Visual Range) no inferior a 550 m.

Operación de Categoría II: Aproximación y aterrizaje de precisión por instrumentos, hasta una altura de decisión (DH) bajo 200 ft. (60 mts.), pero no inferior a 100 ft. (30 mts.), y con un alcance visual en la pista (RVR), no inferior a 1200 ft. (350 mts.), ni mayor a 2400 ft. (800 mts.).

Operación de Categoría III-A: Aproximación y aterrizaje de precisión por instrumentos, hasta una altura de decisión (DH) inferior a 100 ft. (30 mts.), o sin limitación de altura de decisión, y con un alcance visual en la pista (RVR), no inferior a 700 ft. (200 mts.)

Operación de Categoría III-B: Aproximación y aterrizaje de precisión por instrumentos, sin altura de decisión (DH) o una DH bajo los 50 ft. (15 mts.) y RVR inferior a 700 ft. (200 mts.), pero no menor de 150 ft. (50 mts.).

Operación de Categoría III-C: Aproximación y aterrizaje de precisión, por instrumentos, sin altura de decisión (DH) y sin límite de RVR. Normalmente asociado a sistemas de aterrizaje automático y rodaje final o "Roll Out" en pista completamente automatizado.

Los procedimientos de visibilidad reducida **(LVP)** tienen por finalidad establecer las condiciones para poder rodar, despegar, aproximar y aterrizar con mínimos meteorológicos más bajos a los estándar establecidos por la Autoridad en forma segura y eficiente.

Normalmente un aeropuerto comienza a preparar el Procedimiento de Visibilidad Reducida cuando los mínimos de aproximación son menores a los requeridos para ILS CAT I. Los parámetros que se toman en consideración son la información RVR menor a 550 mts., la base de la nubosidad menor a 200 ft., o un empeoramiento rápido de las condiciones meteorológicas.

De todas maneras, para determinar los mínimos de cada aeropuerto hay que remitirse a la información encontrada en las publicaciones específicas de cada uno de ellos, que se encuentra en la cartografía operativa.

Para que un aeropuerto pueda ser certificado para operar procedimientos de visibilidad reducida requiere contar con un equipo ILS apropiado, luces y marcas de pistas especificadas, información RVR y marcas y señales en las calles de rodaje que impidan el ingreso de vehículos y/o aviones al área crítica.

La operación en estas condiciones está restringida principalmente por las características del aeropuerto y las limitaciones de performance del avión, además se imponen ciertos mínimos, que de no ser respetados, podrían afectar la seguridad de la operación. Estos son, DH mínimo y RVR mínimo.

Componentes de un ILS

Antes de comenzar a estudiar sus procedimientos, en primera instancia, trataremos en entender como se compone y como funciona un sistema de ILS. El ILS se compone de dos señales que guían al avión a través de una trayectoria precisa desde un punto de inicio hasta el punto final o la pista. Una señal nos proporciona una guía lateral mientras que la otra señal nos proporciona una guía vertical.

El equipo en tierra consiste en un grupo de antenas que dan la señal del localizador (guía lateral), y que normalmente están situadas a unos 300 metros al final de la pista.

Por otro lado, nos encontramos con una antena transmisora de la senda de planeo o glide slope que está situada a un lado de la pista a la altura de la zona de contacto.

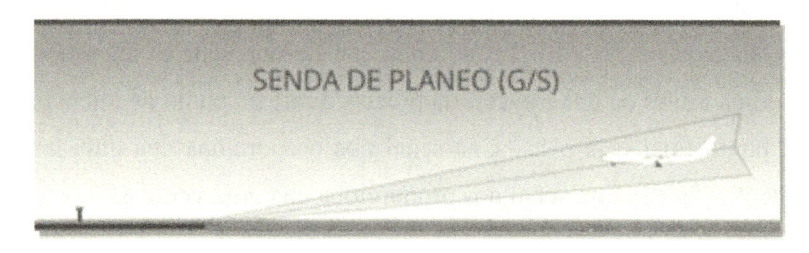

Ademas de estas dos antenas que nos brindan la informacion de la trayectoria y planeo correcto de nuestro avión, nos surge la necesidad de tener la informacion de la distancia recorrida en un procedimiento ILS, para saber en que etapa de la aproximación nos encontramos y a que distancia de la pista estamos posicionados. Para tal efecto, usualmente se encuentra asociado al sistema ILS, un equipo DME o equipo medidor de distancias, acompañado por un sistema de radiobalizas que marcan diferentes distancias a lo largo del ILS.

Finalmente, el sistema completo de un ILS queda formado de la siguiente manera:

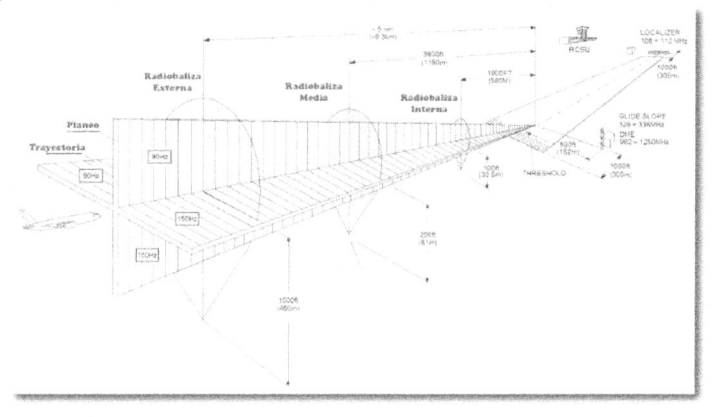

Sistema de Radiobalizas

Muchos sistemas ILS de tierra tiene también un sistema de radiobalizas de distancia. Estas radiobalizas transmiten un código Morse en 75 MHz e indican posición y altura aproximada a la que se encuentra el avión durante la aproximación, con respecto a la carta de aproximación seleccionada.

Radiobaliza Exterior (OM Outer Marker): localizada a 3.9 millas náuticas (7.2 km) del umbral de la pista. Emite dos rayas Morse por segundo a 400 Hz, mostrándose en cabina un indicador azul y el tono audio de Morse.

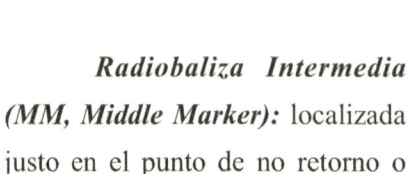

Radiobalizas

Radiobaliza Intermedia (MM, Middle Marker): localizada justo en el punto de no retorno o punto de decisión en la senda de aproximación. Informa, en condiciones de baja visibilidad, que el contacto con la pista es inminente. Está modulada con un tono de 1300 Hz, punto y raya Morse, mostrándose en cabina como un indicador ámbar y el tono audio Morse.

Radiobaliza Interior (IM, Inner Marker): si está instalada, indica, en condiciones de baja visibilidad, que se está sobre el umbral de la pista. En esta posición un avión normalmente llega a las condiciones mínimas de Categoría II (altura de decisión 100 pies, visibilidad de 1200 pies). Modulación Morse de 6 puntos por segundo,3000 Hz.

OM	MM	IM
5-6 NM	*350-500FT*	*150-200FT*
-- -- --	.-.-.-.-.-	....

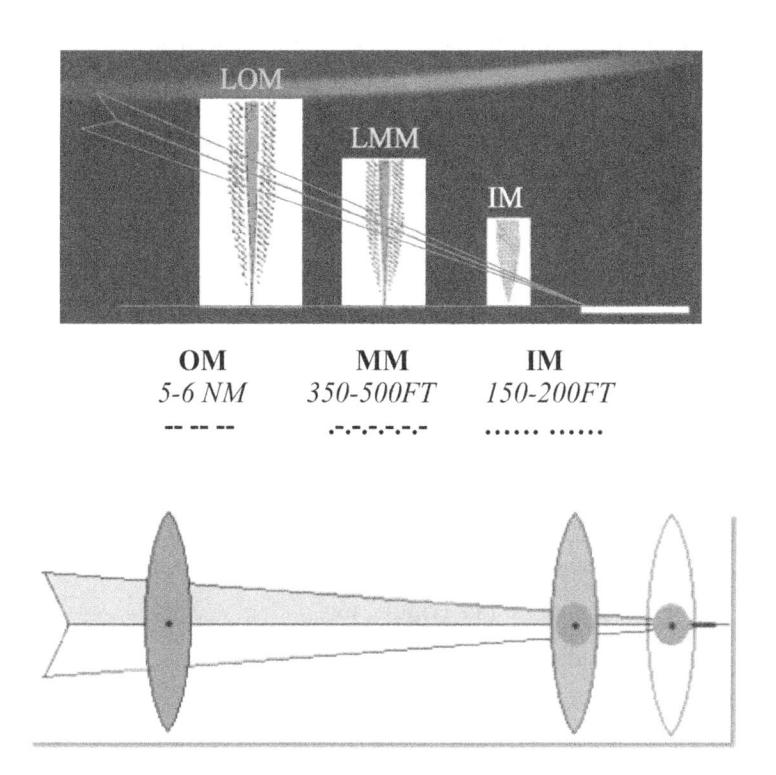

Requerimientos Operativos

Basados en los requerimientos de OACI, existen diferencias para poder operar en cada categoría de un ILS, veamos:

Para la operación de un procedimiento ILS de categoría I, el requerimiento obligatorio es contar con el entrenamiento suficiente en aproximaciones instrumentales para la obtención de la habilitación de vuelo por instrumentos (HVI). Esta habilitación permite a la tripulación operar un ILS categoría I en cualquier aeropuerto que disponga del equipamiento adecuado, siempre y cuando los mínimos meteorológicos no se encuentren por debajo del mínimo permitido para tal procedimiento.

Para los ILS de categoría II y III, lo requerimientos son mas restrictivos y exigen de manera obligatoria cumplir con los siguientes ítems ante la autoridad aeronáutica, quien a su vez deberá cumplir con la OACI:

1. Certificación de la Aeronave.
2. Certificación del Operador.
3. Certificación del la Tripulación.
4. Certificación del Aeródromo.

1. La aeronave deberá cumplir requerimientos de mantenimiento extraordinarios y dentro de un margen de error mínimo, de forma regular.
2. El operador de la aeronave deberá cumplir con los requerimientos legales ante la autoridad aeronáutica.
3. Los pilotos deberán cumplir con un entrenamiento especial, el cual será brindado en un simulador de vuelo habilitado para tal fin. Una vez finalizado el entrenamiento, serán evaluados por la autoridad aeronáutica, quien otorgará la correspondiente habilitación.

4. Por ultimo, el aeródromo donde se pretende operar un ILS CAT debe contar con la habilitación correspondiente y poseer su certificación vigente para tales fines.

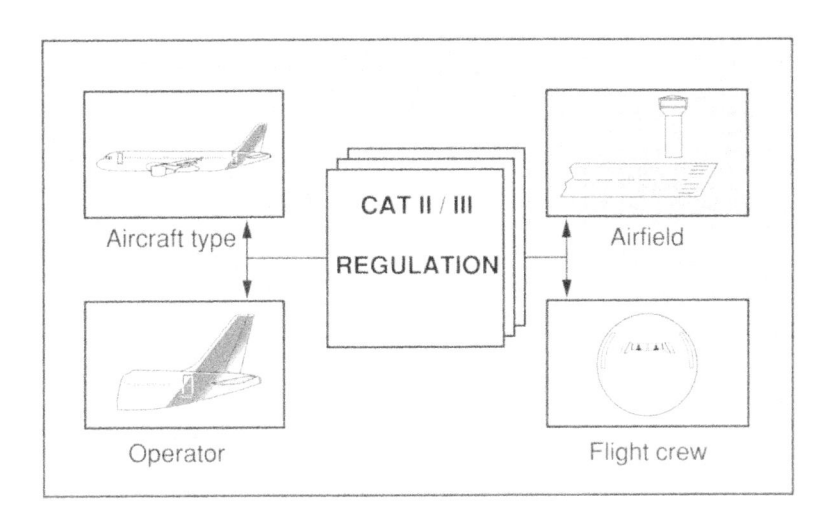

Definiciones

Antes de comenzar a estudiar en detalles cada operación de un ILS en sus diferentes categorías, necesitamos conocer ciertos términos que pueden resultar nuevos para algunos y conocidos para otros, por lo que intentaremos unificar conceptos:

Alcance visual en la pista (RVR - Runway Visual Range)

El alcance visual en la pista (RVR) es la distancia hasta la cual el piloto de una aeronave que se encuentra sobre el eje de una pista puede ver señales de superficie de la pista o las luces que la delimitan o que señalan su eje. La medida del RVR es tomada por un sistema de transmisómetros calibrados y toma en cuenta los efectos del contraste ambiental de la luminosidad e intensidad de las luces de pista. El sistema de transmisómetros están estratégicamente localizados para proporcionar la medida RVR asociada con una o más de las tres porciones básicas de la pista: la porción de la TDZ, la porción media de la pista (MID) y la porción de recorrido de aterrizaje.

El RVR es medido por transmisómetros localizados aproximadamente a 400 pies del eje de la pista. y *"no es una medida de visibilidad meteorológica"*.

El RVR es un valor que sólo tiene significado para las porciones de la pista asociada a un informe de RVR: (TDZ, MID, porción de recorrido de aterrizaje).

Como información, el RVR es un valor que, de noche, puede ser cinco o seis veces más grande que la visibilidad en tierra y dos a tres veces mayor durante el día.

Por otro lado, nos encontramos con el SVR. El SVR es el alcance visual oblicuo (Slant Visual Range), que es la distancia hasta la cual, el piloto de la aeronave en la etapa final de la aproximación o aterrizaje, puede ver las señales de superficie de la pista o las luces que la delimitan o las que señalan su eje.

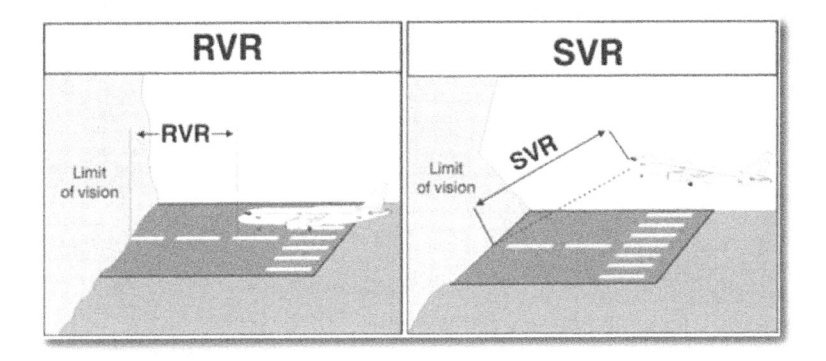

Ambos valores responden a una determinada medición mediante equipos de tierra, obteniendo los datos de la siguiente manera:

Medición de RVR

Los transmisómetros proyector y receptor están montados en torres a una altura entre 5 y 10 mts sobre la superficie y separados entre si a 500 o 250 ft, (150 o 75 mts.). Generalmente, cada transmisómetro se encuentra a una distancia entre 110 y 150 mts. desde el centro de la pista.

Una luz con una intensidad conocida es emitida por el proyector y medida por el receptor. Cualquier elemento como lluvia, nieve, humo, polvo, neblina, etc. reduce la intensidad luminosa que llega al receptor. Un convertidor de datos transforma esta medida en un valor RVR el cual es leído directamente por la repartición ATC correspondiente.

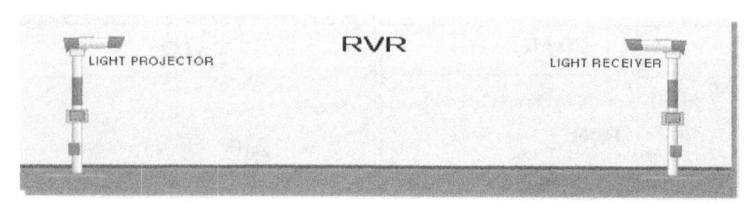

Estos valores son actualizados aproximadamente una vez por minuto.

El convertidor de datos recibe información de tres fuentes: el nivel de luminosidad (3, 4, o 5) de las luces de alta intensidad de borde de pista (High Intensity Runway Edge Light), información del transmisor proyector y además detecta si es de día o noche. Con toda esta información computa el valor apropiado de RVR.

La OACI recomienda que los reportes de RVR sean dados con incrementos de 50 metros cuando el RVR es inferior a 800 mts. y con incrementos de 25 mts cuando el RVR es inferior a 150 mts. En cualquier caso, los cambios de RVR deben ser conocidos por el ATC tan pronto como sea posible y en menos de 15 segundos.

La información RVR es entregada en pies en forma abreviada; para esto, se eliminan los últimos dos dígitos de la medición.

*Ej.: **RVR 12 es igual a 1200 ft, 350 mts.***

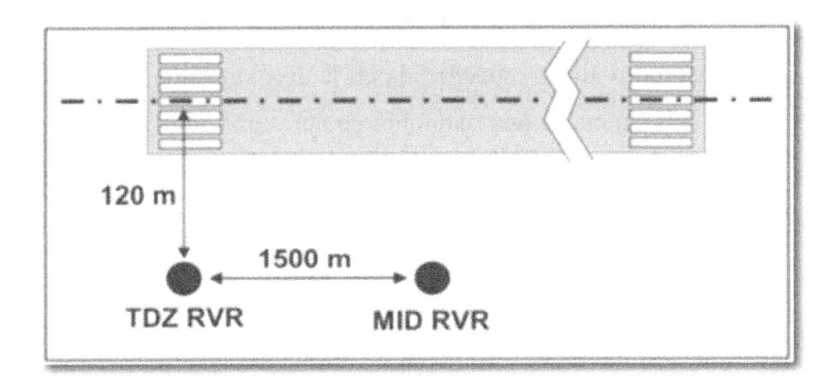

Altura de alerta (AH - Alert Height)

Es una altura sobre la pista, medida por radio-altímetro, basada en las características del avión y su sistema de aterrizaje Fail Operational, sobre la cual, una aproximación Categoría III debería descontinuarse e iniciar una aproximación frustrada si ocurriera una falla en uno de los componentes redundantes del sistema de aterrizaje Fail Operational, o en el equipo de tierra pertinente.

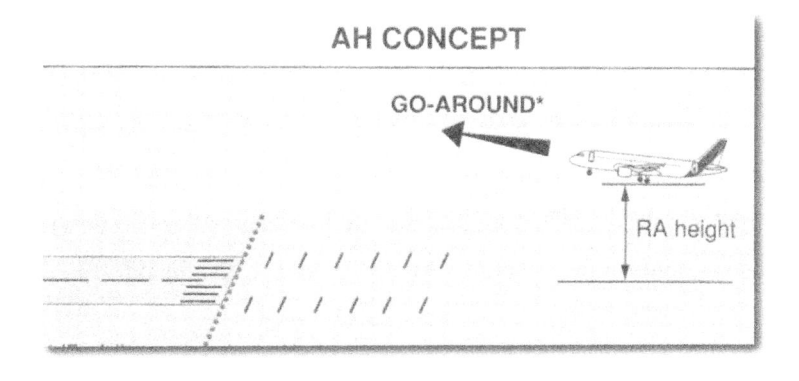

Altitud/Altura de decisión (DA/DH - Decision Altitude/height)

Altitud o altura especificada en la aproximación de precisión, a la cual debe iniciarse una maniobra de aproximación frustrada si no se ha establecido la referencia visual requerida para continuar la aproximación.

La Altitud de Decisión (DA) está basada en la referencia isobárica que corresponde al Nivel Medio del Mar y la Altura de Decisión (DH), se refiere a la altura sobre la elevación mayor de la zona de contacto (TDZ).

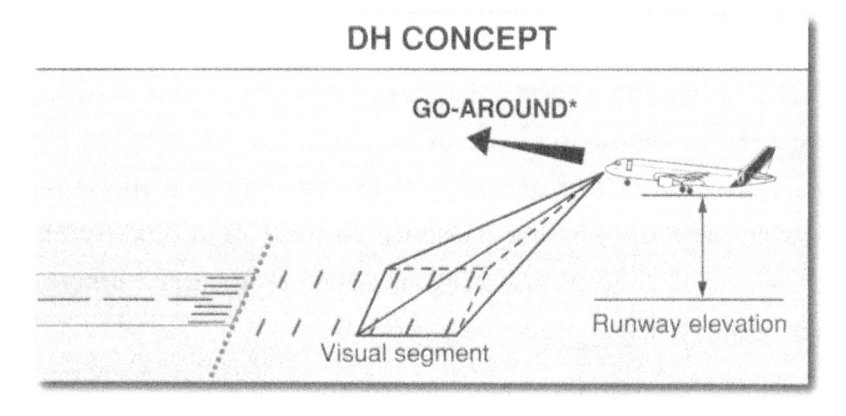

Área de Protección del ILS

Cuando está en ejecución el procedimiento de visibilidad reducida y las aproximaciones en curso son ILS CAT II o III, es obligatorio proteger la confiabilidad de las señales del ILS de acuerdo a los siguientes tipos de áreas: Área Crítica y Área Sensible.

Área Crítica del ILS.

Es un área de dimensiones definidas alrededor de las antenas del localizador (LOC) y senda de planeo (GS) donde el acceso de vehículos y aeronaves no esta permitido durante todas las operaciones ILS (CAT II y III).

El área crítica está protegida debido a que la presencia de vehículos y/o aeronaves dentro de sus límites, podrían causar interferencias inaceptables a la señal del ILS.

Área Sensible del ILS.

Es un área que se extiende más allá del área crítica, en donde el estacionamiento y/o movimiento de vehículos, incluyendo aeronaves, es controlado para prevenir la posibilidad de interferencia con la señal del ILS mientras se ejecutan aproximaciones.

Las dimensiones del área crítica están contenidas en el Anexo 10 de OACI, pero no hay especificaciones para el tamaño del área sensible

Para ILS CAT I el área sensible cubre todo el largo de pista. Como la separación entre aviones es menor en CAT I pueden existir interferencias al LOC. (Ej. Avión despegando.)

Para CAT II y III cubre un área mayor incluyendo calles de rodaje y se debe aumentar la separación entre los aviones.

Las posiciones de espera para CAT II y III deben estar fuera del área sensible.

En condiciones de visibilidad reducida el área sensible debe estar libre de otros tráficos desde el momento que un avión se encuentra a 1 NM de la zona de aterrizaje hasta que termine la carrera de aterrizaje y abandone el área sensible (cruce la marca de posición de espera o todas las luces de la calle de rodaje son de color verde). La misma restricción se aplica para el despegue si el localizador está siendo empleado como ayuda direccional.

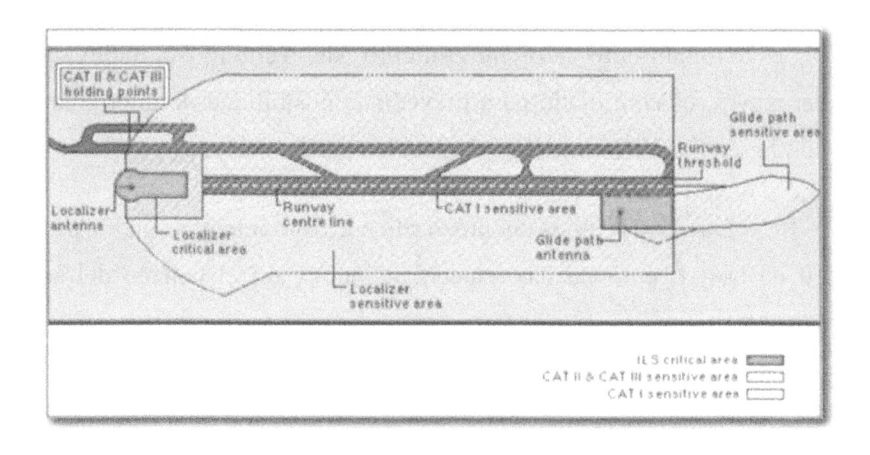

Ayudas Visuales

Las luces brindan a la tripulación ayuda visual en condiciones de visibilidad reducida. Producto de esto adquieren relevante importancia debiendo contar con un resguardo en su fuente de alimentación eléctrica para los casos en que la fuente de alimentación principal falle.

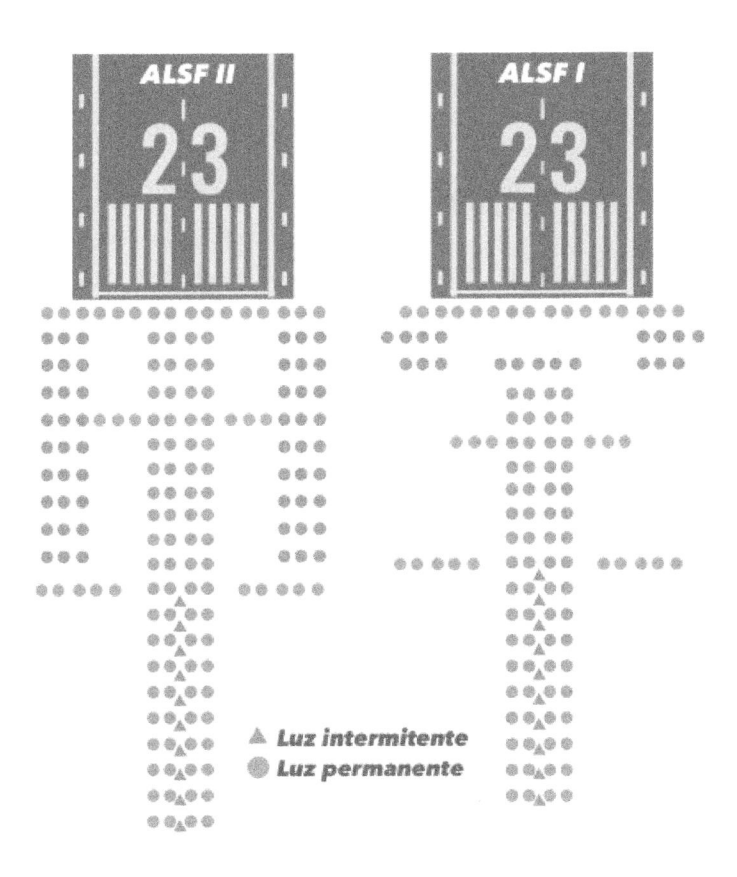

▲ *Luz intermitente*
● *Luz permanente*

Las luces críticas deben tener una demora de transferencia al sistema alterno de 1 segundo como máximo, estas son:

- luces de aproximación
- luces de la zona de toma de contacto (TDZ)
- luces de centro de pista
- luces de umbral
- luces de final de pista
- barra de parada (stop bar)

El resto de las luces pueden tener una demora de transferencia de hasta 15 segundos y ellas son:

- luces de borde de pista
- luces de calles de rodaje
- luces de centro de la calle de rodaje y
- luces de parada en calle de rodaje (taxi holding)

Las luces de aproximación (ALS) permiten que los mínimos requeridos para poder iniciar una aproximación por instrumentos sean inferiores. Las luces de aproximación tipo ALSF I permiten reducir los requerimientos de visibilidad de 2400 a 2000 mts. en aproximaciones de no precisión y de 1200 a 800 mts. en las aproximaciones de precisión. En tanto las ASLF II permiten reducir la mínima visibilidad hasta 550 mts. RVR para las aproximaciones ILS CAT I, estas son obligatorias en las aproximaciones ILS CAT II y CAT III.

Touchdown Zone Lights (TDZL)

Las luces de la Zona de Toma de Contacto (TDZL) son un requerimiento específico para las aproximaciones CAT II y CAT III. Permiten al piloto identificar el área segura de toque de ruedas. Se extienden desde el umbral hasta una distancia de 900 a 1.000 mts, aunque no más allá del punto medio de la pista si esta tiene una longitud menor de 1.800 mts.

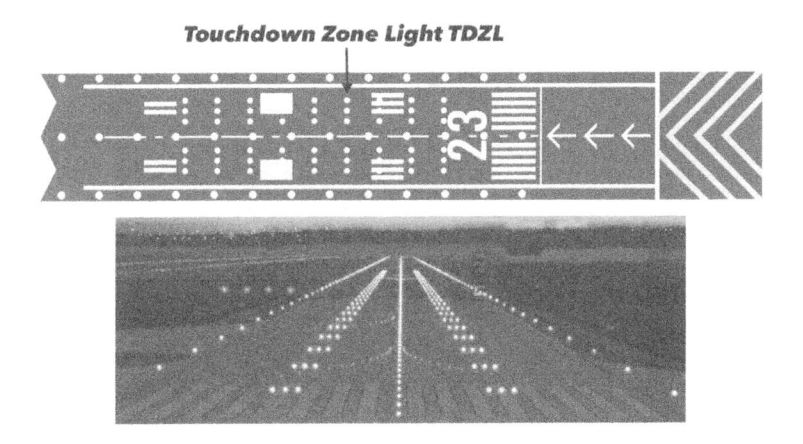

El sistema se compone de dos filas de luces blancas, una a cada lado del centro de la pista, cada una formada por líneas paralelas de al menos tres luces espaciadas por 1,5 mts como máximo y separadas entre 30 y 60 mts por línea. Entre las filas no puede haber menos de 18 mts y más de 22.5 mts, prefiriéndose una distancia de 18 mts.

Runway Edge Lights

Las luces de borde de pista son de color blanco y en los últimos 600 metros son de color amarillo. Están ubicadas a ambos costados y a lo largo de la pista en filas paralelas equidistantes y se ubican a una distancia no mayor de 3 metros desde el borde de ésta. Estas luces están uniformemente espaciadas a no más de 60 metros y pueden estar ausentes en las intersecciones.

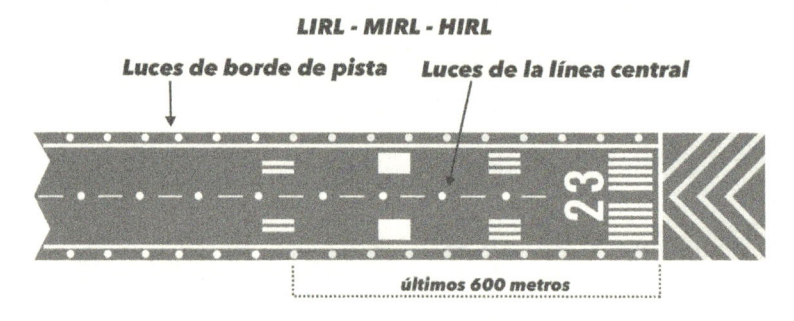

LIRL - MIRL - HIRL

Luces de borde de pista *Luces de la línea central*

últimos 600 metros

Runway Centerline Lights

Las luces de centro de pista son un requisito específico para aproximaciones CAT II o CAT III. Estas están ubicadas a lo largo del centro de pista, con un espaciamiento longitudinal de aproximadamente 7.5 m, 15 m o 30 m para CAT II y solamente 7.5 m o 15 m para CAT III. Estas luces son de color blanco desde el umbral de aterrizaje hasta los últimos 900 metros de pista, alternadas de color rojo y blanco desde los últimos 900 metros hasta 300 metros antes del final de pista y de color rojo desde los últimos 300 metros hasta el final de pista.

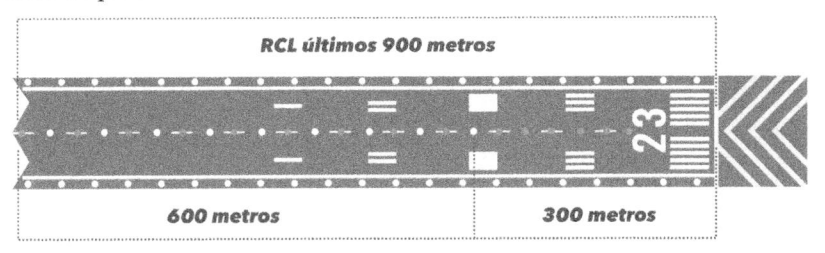

Taxiway Edge Lights

Las luces de borde de calle de rodaje, aunque no son un requerimiento específico para CAT II o CAT III, dan una eficiente ayuda visual durante las operaciones de visibilidad reducida. Estas luces son de color azul.

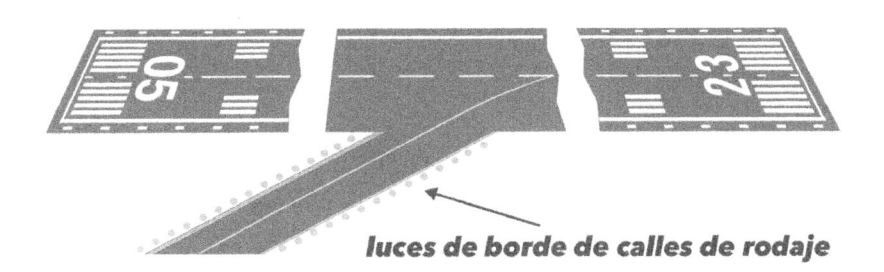

Taxiway Centerline Lights

Las luces de centro de calle de rodaje están instaladas en aeropuertos que cuenten con procedimiento de visibilidad reducida

(RVR 400 m o menos). La separación de estas luces no debe exceder 15 m, pero en la proximidad de una curva se indicará con un espaciamiento igual o menor a 7.5 m. El color de estas luces es verde. Y es alternativamente verde y amarillo en las siguientes condiciones:

luces centrales de calle de rodaje

✔ Desde el comienzo del perímetro de las áreas críticas o sensitivas del ILS

✔ Al final de una calle de rodaje que se une a una pista activa

✔ En la pista activa al aproximarse a una de las calles de rodaje asignadas como salidas en un procedimiento de visibilidad reducida.

Cuando el procedimiento de visibilidad reducida esté activado las luces de las calles de rodaje que no son parte del procedimiento se mantendrán apagadas. Una aeronave se considera fuera de la pista cuando las luces de centro de la calle de rodaje son solo de color verde y la cola del avión ha dejado atrás las luces ámbar/verde o marca de límite de área sensible.

Luces de Barra de parada (Stop Bar)

Las Luces de la Barra de Parada consisten en una serie de luces rojas transversales en las calles de rodaje y tienen la finalidad de controlar el acceso a la pista.

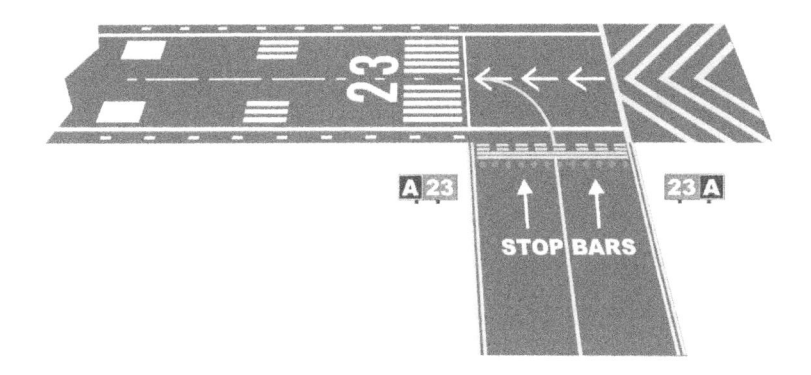

Las luces de la barra de parada ubicadas en calles de rodaje, que entran o cruzan una pista, deben tener la capacidad de ser controladas por el ATC en forma individual.

Marcas de Cabecera de Pista

Una de las referencias visuales mas importante que un piloto debe tener en cuenta es, sin dudas, el ancho que posee la pista donde planifica su aterrizaje. Una equivocada percepción del ancho de pista, podría confundir al piloto y generarle una ilusión visual.

Marcación del ancho de la pista

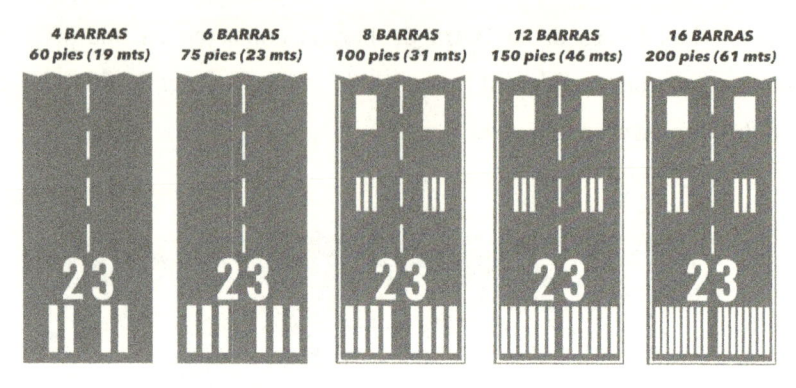

4 BARRAS	6 BARRAS	8 BARRAS	12 BARRAS	16 BARRAS
60 pies (19 mts)	75 pies (23 mts)	100 pies (31 mts)	150 pies (46 mts)	200 pies (61 mts)

Las ilusiones ópticas son causadas por las limitaciones de la habilidad del piloto para percibir en forma precisa la posición de la aeronave, su velocidad y/o aceleración en relación a la superficie de despegue o aterrizaje. Un ejemplo característico de las ilusiones ópticas se da cuando el piloto percibe que está mas bajo de lo que realmente está: Se produce cuando está aproximando a una pista mas ancha que lo normal. La ausencia de referencias visuales en la cercanía de la pista, crea una sensación de agujero negro, dando la sensación de estar alto. Esto genera que el piloto vuele por debajo de la trayectoria de planeo correcta.

Identificación de un punto de espera: cuando una calle se esta aproximando a una pista el piloto se encuentra con una marcación sobre el pavimento que indica un punto de espera obligatorio, donde debe detenerse hasta tanto obtener el respectivo permiso del control de transito para poder continuar. Este punto de espera conocido como

"Holding Point" lleva el nombre de la pista en cuestión. Por ejemplo el punto de espera de la pista 23 se denomina "Holding Point RWY23".

Marcación del punto de espera RWY23

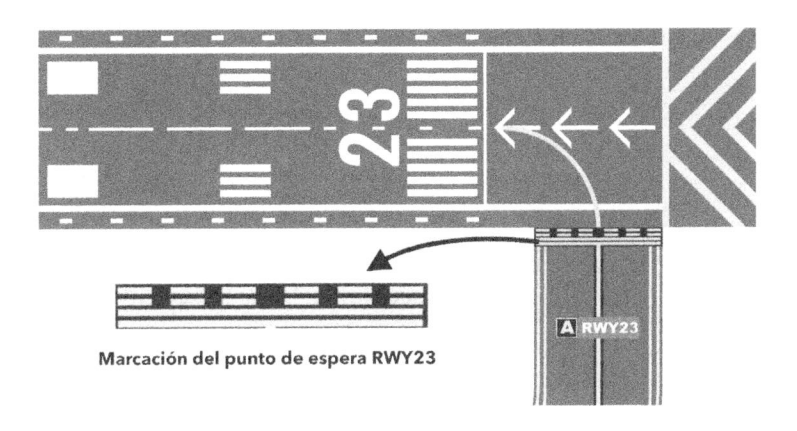

La marcación del punto de espera tiene dos sentidos, uno de ingreso a la pista y otro de salida a la pista. Cuando la aeronave se acerca a la marcación de líneas continuas, el piloto debe contar con la autorización del control de tránsito para poder continuar e ingresar a la pista. En este punto, la aeronave se detiene por completo hasta tanto obtenga la autorización.

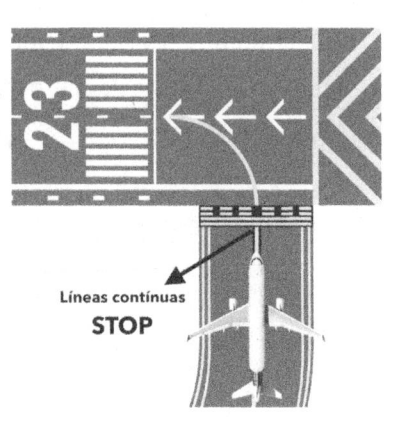

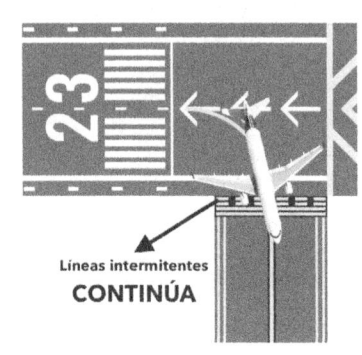

Por otra parte, cuando la aeronave se acerque a la marcación del punto de espera desde dentro de la pista, se encontrará con las líneas intermitentes y podrá continuar hacia la calle de rodaje sin la previa autorización del control de tránsito.

Esta diferencia se debe la peligrosidad de ocupar una pista activa cuando una aeronave no es autorizada para tal fin. En cambio al momento de desocupar la pista activa, no solo no se presenta el mismo riesgo, sino que coopera a agilizar el flujo de los tránsitos que se encuentran aproximando para aterrizar.

Una variable del punto de espera, es la marcación de este mismo concepto pero aplicado a pistas con aproximaciones ILS en progreso. Debido a la posibilidad de interferir con la señal de este sistema de aterrizaje por instrumentos, las aeronaves que deban despegar desde esta pista, deberán detener su marcha mas atrás que el punto de espera habitual. Para representar este punto de espera ILS, se diagrama sobre el pavimento y previo al punto de espera habitual, dos líneas continuas amarillas con grupos de a dos líneas perpendiculares a estas del mismo color y todas cobre un fondo de color negro.

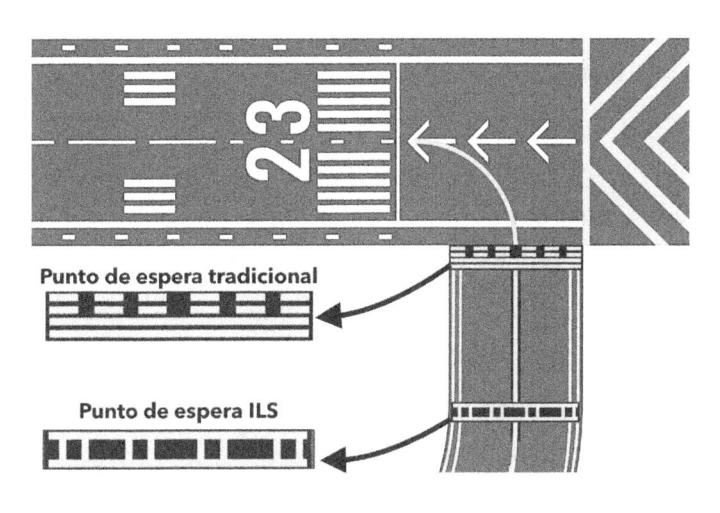

Operaciones "AWO"

Asociados a los procedimientos de extrema baja visibilidad y complementarios de los ILS CAT II/III, existen las denominadas operaciones *"AWO"* del termino en ingles *"All Weather Operation"* u "Operación en todas las condiciones meteorológicas" Las condiciones operativas para ILS CAT II/III, tales como las certificaciones de los pilotos, del aeródromo, de la aeronave y del operador, aseguran un nivel de seguridad extremadamente alto. Esta sección estudia todos los aspectos de CAT II, CAT III y lo conocido como LVTO (low visibility take off) o despegue en baja visibilidad, todos estos aspectos forman la parte central de las operaciones "AWO", pero también incluyen las operaciones CAT I y LVTAXI (low visibility taxi) siempre dentro de los mínimos permitidos.

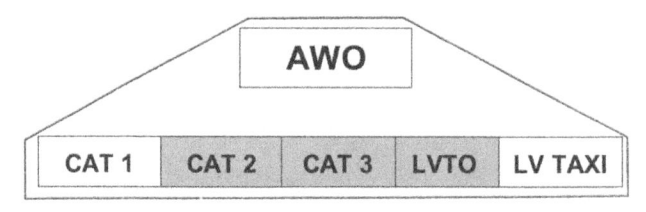

	AWO			
CAT 1	CAT 2	CAT 3	LVTO	LV TAXI

Información ILS cartas instrumentales (Jeppesen)

Basados en el formato internacional de cartas instrumentales que propone el fabricante JEPPESEN y el cual esta avalado por OACI, aprenderemos a identificar toda la información relativa a un ILS en cualquiera de sus tres categorías. Veamos:

LFSB/MLH		**JEPPESEN** BASLE-MULHOUSE, FRANCE
BASLE-MULHOUSE **❶A** 1 JUL 05 (11-3)		**❷** ILS Rwy 16
ATIS	BASLE Approach	BASLE Tower	Ground
127.87	119.35	118.3	121.6

❶ Icono o Logo de la Aerolínea

❷ Clase de procedimiento ILS. Para categoria I solo se identifica como ILS. Para categorias II y III, se identifica como ILS CAT II o ILS CAT III (A,B,C)

LOC MH	Final Apch Crs	GS D3.6 MH	CAT IIIA ILS	CAT I & II ILS	Apt Elev 885'
111.55	155°	2030'(1166')	DH 50' ❸	Refer to Minimums	RWY 864'

❸ Los minimos mas bajos permitidos se muestran si la pista esta aprovada para operaciones CAT IIIA. A su lado encontraremos la informacion complementaria para CAT I y CAT II refiriendose a los minimos.

Analizando los puntos 2 y 3, notamos que ambos poseen diferencias para brindar información dependiendo de la categoría del ILS a publicar. Normalmente para los ILS categoría I y II se toman los mínimos meteorológicos estándar para la mayoría de los ILS y en el encabezado de la carta no es necesario aclarar que se trata de un ILS categoría I, aunque podemos encontrar una aclaración cuando se trate de un ILS categoría II. Por el contrario, para un ILS categoría III, se requiere la aclaración obligatoria siempre y cuando el aeropuerto y la pista estén aprobados para tal operación. Pasando a la vista en planta, veamos como podemos distinguir toda la información relativa a un ILS:

En la vista en planta encontramos información relativa a las frecuencias del ILS a utilizar, el curso final de aproximación, la sigla que le da nombre al ILS y debajo de

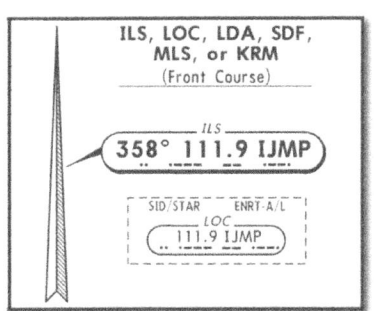

```
ILS, LOC, LDA, SDF,
    MLS, or KRM
    (Front Course)
         ILS
    358° 111.9 IJMP

    SID/STAR    ENRT-A/L
         LOC
       111.9 IJMP
```

cada información, encontramos un código morse para obtener una correcta identificación de la información en lugares donde se pueden presentar varios ILS en un mismo aeródromo.

Nótese que la información mencionada se encuentra encerada en una caja con un sombreado negro. Esta referencia indica que el ILS 111.9 IJMP es la radioayuda principal de la carta seleccionada y que por ningún motivo esta radioayuda puede estar fuera de servicio para continuar realizando la aproximación.

En la vista de perfil o vertical la información del procedimiento se presenta de manera diferente, agregando los indicadores de las radiobalizas, el perfil de descenso y una tabla de altitudes recomendadas de descenso en caso de que el GS se encuentre fuera de servicio.

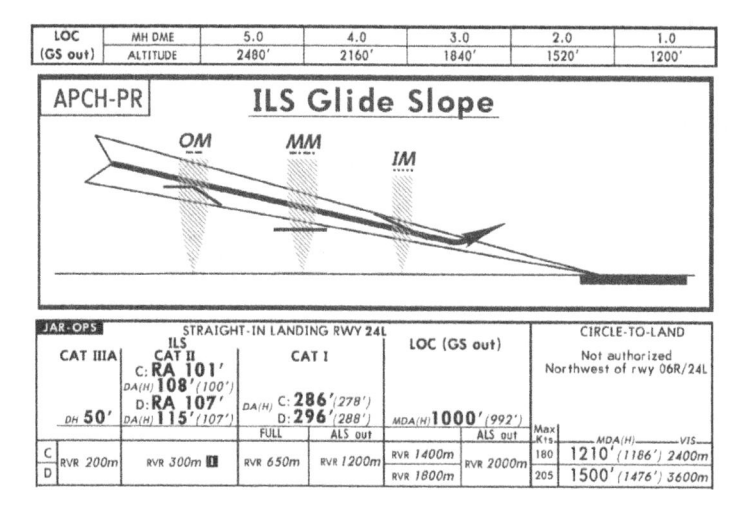

LOC (GS out)	MH DME	5.0	4.0	3.0	2.0	1.0
	ALTITUDE	2480'	2160'	1840'	1520'	1200'

APCH-PR   ILS Glide Slope
OM   MM   IM

JAR-OPS	STRAIGHT-IN LANDING RWY 24L			LOC (GS out)			CIRCLE-TO-LAND	
	ILS		CAT I				Not authorized Northwest of rwy 06R/24L	
CAT IIIA	CAT II C:RA 101' DA(H) 108'(100') D:RA 107' DA(H) 115'(107')		DA(H) C: 286'(278') D: 296'(288')		MDA(H) 1000'(992')			
DH 50'			FULL	ALS out		ALS out	Max Kts	MDA(H) VIS
C	RVR 200m	RVR 300m	RVR 650m	RVR 1200m	RVR 1400m	RVR 2000m	180	1210'(1186') 2400m
D					RVR 1800m		205	1500'(1476') 3600m

Adicionalmente, en el margen derecho figuran los datos y restricciones (si las hay) para una circulación visual hacia otra cabecera de pista. Conozcamos mas información adicional que nos puede brindar una carta Jeppesen, además de todo lo relativo a un ILS:

Informacion relativa a las "radioayuda":

La principal diferencia que se presenta en la cartografía es la identificación de la estación VOR con DME incorporado y sin DME. La estructura de la información es siempre la misma. Los datos de la radioayuda se presentan dentro de una sección rectangular donde informa el nombre de la misma, su frecuencia y designación de tres letras, acompañado del código Morse en la parte inferior del rectángulo.

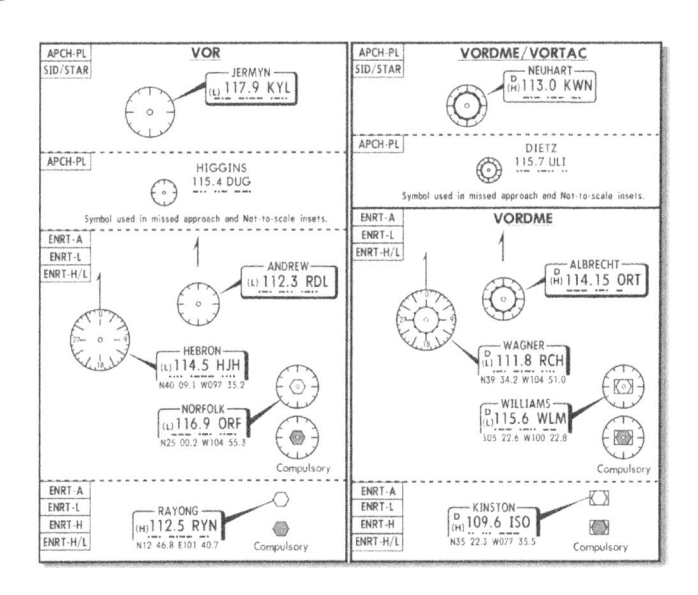

Veamos algunas mas y finalicemos este primer capítulo con algunas cartas Jeppesen completas que diagraman todo lo hablado:

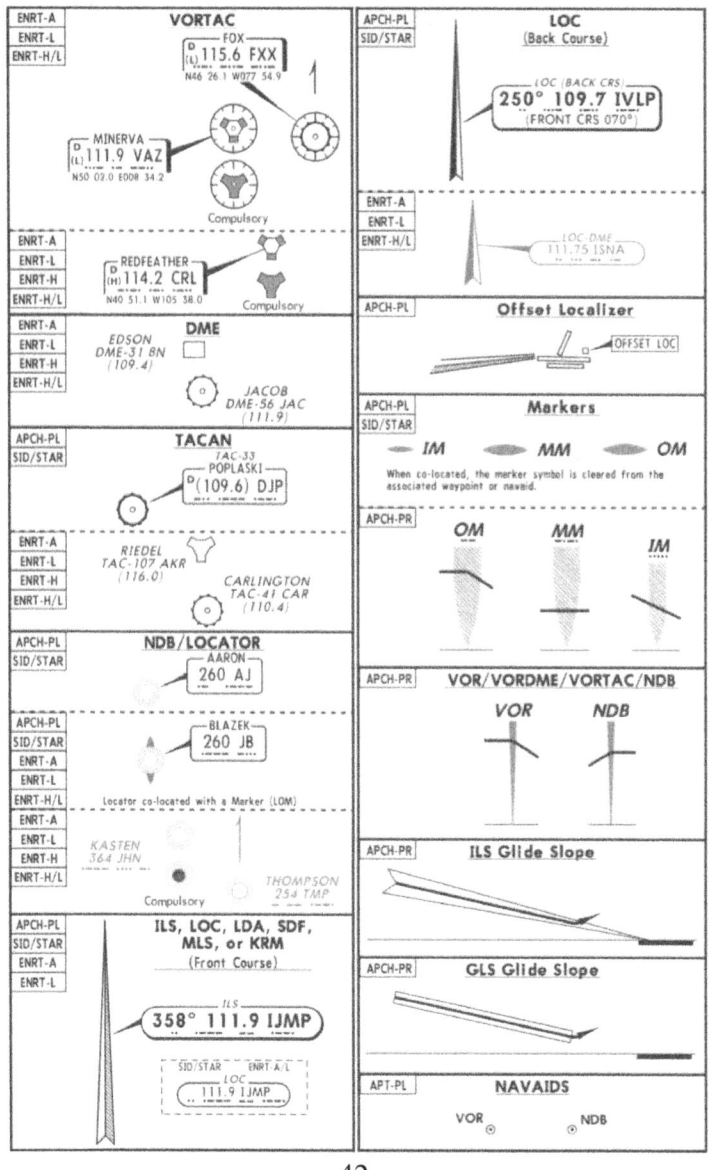

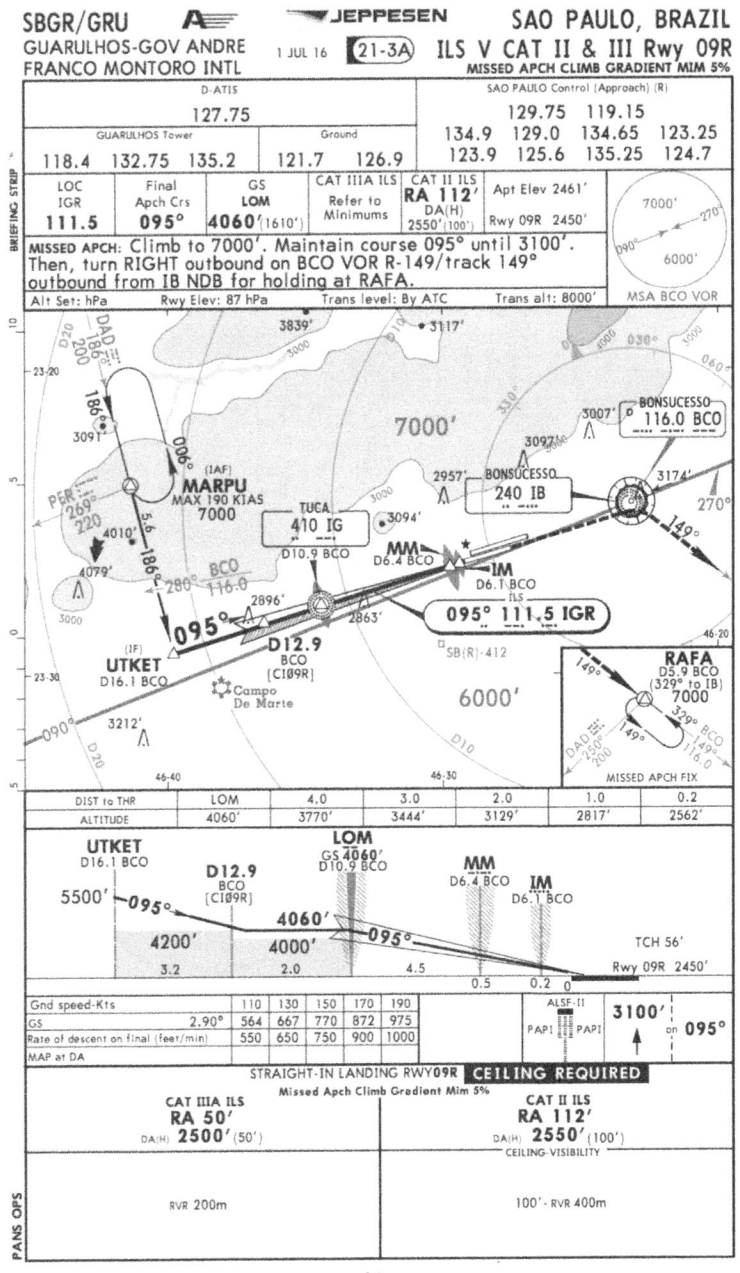

SBGR/GRU — JEPPESEN — SAO PAULO, BRAZIL
GUARULHOS-GOV ANDRE FRANCO MONTORO INTL
1 JUL 16 21-3A ILS V CAT II & III Rwy 09R
MISSED APCH CLIMB GRADIENT MIM 5%

D-ATIS	SAO PAULO Control (Approach) (R)
127.75	129.75 119.15
GUARULHOS Tower	Ground	134.9 129.0 134.65 123.25
118.4 132.75 135.2	121.7 126.9	123.9 125.6 135.25 124.7

| LOC IGR 111.5 | Final Apch Crs 095° | GS LOM 4060'(1610') | CAT IIIA ILS Refer to Minimums | CAT II ILS RA 112' DA(H) 2550'(100') | Apt Elev 2461' Rwy 09R 2450' |

MSA BCO VOR: 7000' / 6000'

MISSED APCH: Climb to 7000'. Maintain course 095° until 3100'. Then, turn RIGHT outbound on BCO VOR R-149/track 149° outbound from IB NDB for holding at RAFA.

Alt Set: hPa Rwy Elev: 87 hPa Trans level: By ATC Trans alt: 8000'

DIST to THR	LOM	4.0	3.0	2.0	1.0	0.2
ALTITUDE	4060'	3770'	3444'	3129'	2817'	2562'

UTKET D16.1 BCO 5500' 095°
D12.9 BCO [CI09R] 4200' 3.2
LOM GS 4060' D10.9 BCO 4000' 2.0 095°
MM D6.4 BCO 4.5
IM D6.1 BCO 0.5 0.2 0
TCH 56' Rwy 09R 2450'
3100' on 095°

Gnd speed-Kts	110	130	150	170	190
GS 2.90°	564	667	770	872	975
Rate of descent on final (feet/min)	550	650	750	900	1000

MAP at DA

STRAIGHT-IN LANDING RWY 09R   CEILING REQUIRED
Missed Apch Climb Gradient Mim 5%

CAT IIIA ILS RA 50' DA(H) 2500'(50')	CAT II ILS RA 112' DA(H) 2550'(100')
RVR 200m	100'- RVR 400m

CEILING-VISIBILITY

43

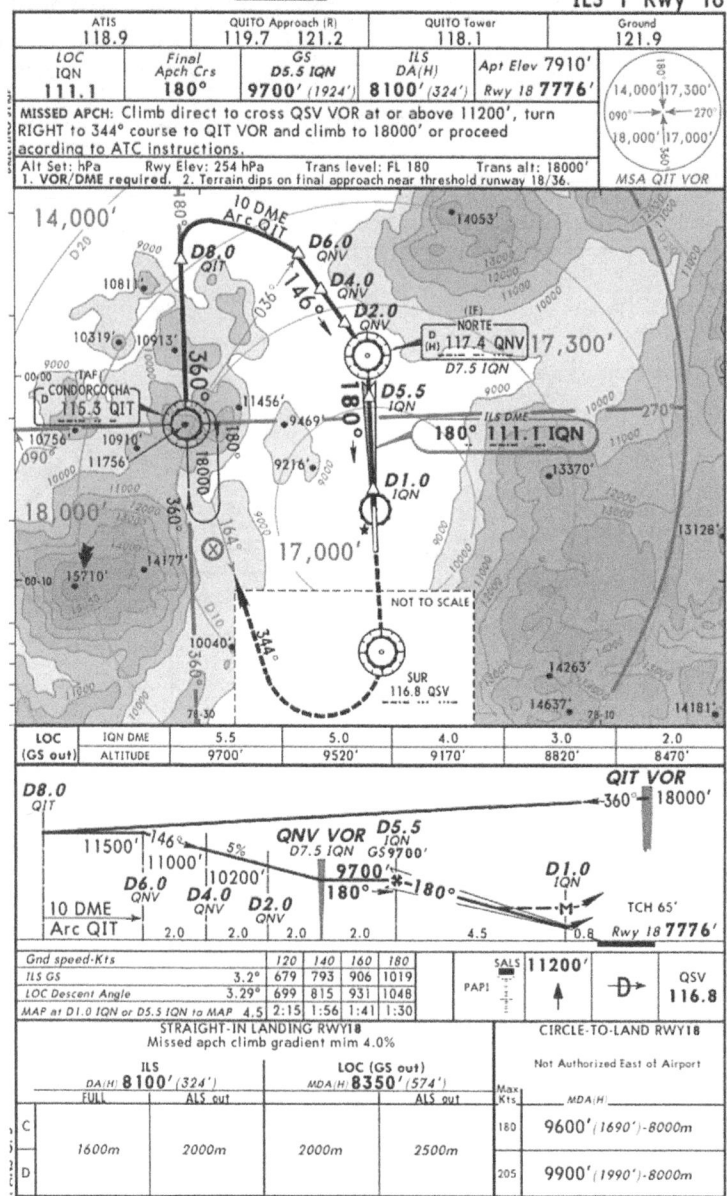

QUITO, ECUADOR
SEQM/UIO MARISCAL SUCRE INTL
ILS Y Rwy 18

JEPPESEN 23 MAY 14 Eff 29 May (11-2)
MISSED APCH CLIMB GRADIENT MIM 4.0%

ATIS	QUITO Approach (R)	QUITO Tower	Ground
118.9	119.7 121.2	118.1	121.9

LOC IQN 111.1	Final Apch Crs 180°	GS D5.5 IQN 9700' (1924')	ILS DA(H) 8100' (324')	Apt Elev 7910' Rwy 18 7776'

MSA QIT VOR: 14,000' 17,300' / 18,000' 17,000'

MISSED APCH: Climb direct to cross QSV VOR at or above 11200', turn RIGHT to 344° course to QIT VOR and climb to 18000' or proceed acording to ATC instructions.

Alt Set: hPa   Rwy Elev: 254 hPa   Trans level: FL 180   Trans alt: 18000'
1. VOR/DME required.   2. Terrain dips on final approach near threshold runway 18/36.

LOC (GS out)	IQN DME	5.5	5.0	4.0	3.0	2.0
	ALTITUDE	9700'	9520'	9170'	8820'	8470'

Gnd speed-Kts	120	140	160	180
ILS GS 3.2°	679	793	906	1019
LOC Descent Angle 3.29°	699	815	931	1048
MAP at D1.0 IQN or D5.5 IQN to MAP 4.5	2:15	1:56	1:41	1:30

SALS 11200'   QSV 116.8

STRAIGHT-IN LANDING RWY18
Missed apch climb gradient mim 4.0%

	ILS DA(H) 8100' (324')		LOC (GS out) MDA(H) 8350' (574')		
	FULL	ALS out		ALS out	Max Kts
C	1600m	2000m	2000m	2500m	180
D					205

CIRCLE-TO-LAND RWY18
Not Authorized East of Airport

	MDA(H)
C	9600' (1690') - 8000m
D	9900' (1990') - 8000m

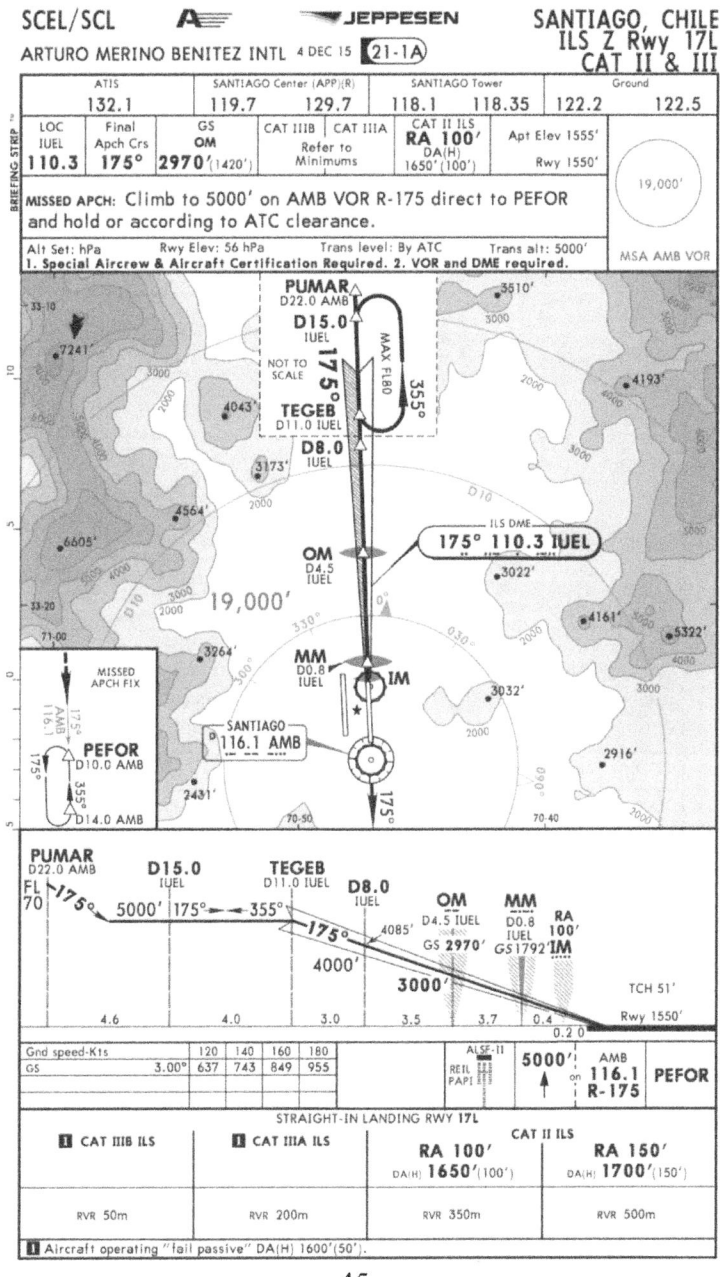

SCEL/SCL — SANTIAGO, CHILE
ARTURO MERINO BENITEZ INTL 4 DEC 15 21-1A
ILS Z Rwy 17L CAT II & III

JEPPESEN

ATIS	SANTIAGO Center (APP)(R)	SANTIAGO Tower	Ground
132.1	119.7 129.7	118.1 118.35	122.2 122.5

LOC IUEL	Final Apch Crs	GS OM	CAT IIIB	CAT IIIA	CAT II ILS RA 100' DA(H) 1650'(100')	Apt Elev 1555' Rwy 1550'
110.3	175°	2970'(1420')	Refer to Minimums			

MISSED APCH: Climb to 5000' on AMB VOR R-175 direct to PEFOR and hold or according to ATC clearance.

Alt Set: hPa   Rwy Elev: 56 hPa   Trans level: By ATC   Trans alt: 5000'
1. Special Aircrew & Aircraft Certification Required. 2. VOR and DME required.

MSA AMB VOR 19,000'

PUMAR D22.0 AMB
D15.0 IUEL
NOT TO SCALE
175°   MAX FL80   355°
TEGEB D11.0 IUEL
D8.0 IUEL
OM D4.5 IUEL
ILS DME 175° 110.3 IUEL
MM D0.8 IUEL
IM
MISSED APCH FIX
175° AMB 116.1
PEFOR D10.0 AMB
355°
D14.0 AMB
SANTIAGO 116.1 AMB
19,000'

PUMAR D22.0 AMB — FL 70 — 175° — 5000' — D15.0 IUEL — 175° — 355° — TEGEB D11.0 IUEL — D8.0 IUEL — 4085' — 175° — 4000' — 3000' — OM D4.5 IUEL GS 2970' — MM D0.8 IUEL GS 1792' — IM — RA 100' — TCH 51' — Rwy 1550'

4.6   4.0   3.0   3.5   3.7   0.4   0.2 0

Gnd speed-Kts		120	140	160	180	ALSF-II	5000' on AMB 116.1 R-175	PEFOR
GS	3.00°	637	743	849	955	REIL PAPI		

STRAIGHT-IN LANDING RWY 17L

■ CAT IIIB ILS	■ CAT IIIA ILS	CAT II ILS RA 100' DA(H) 1650'(100')	RA 150' DA(H) 1700'(150')
RVR 50m	RVR 200m	RVR 350m	RVR 500m

■ Aircraft operating "fail passive" DA(H) 1600'(50').

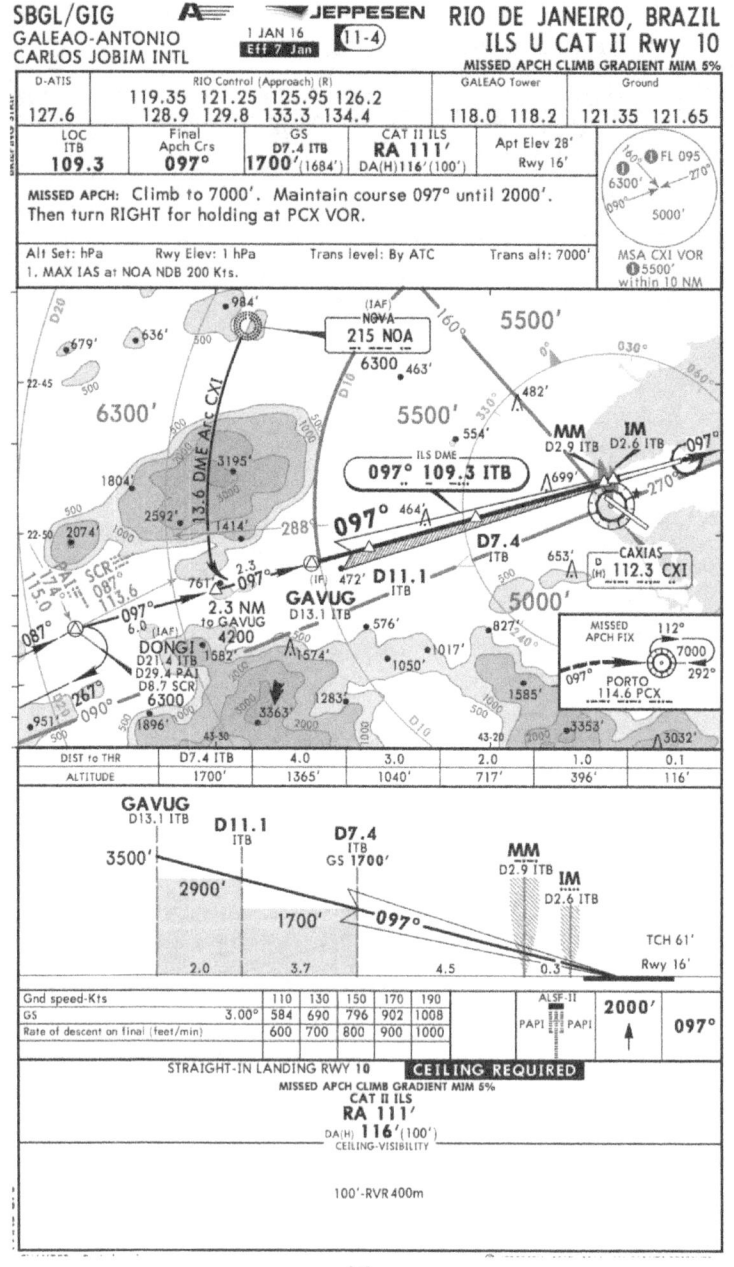

SBGL/GIG RIO DE JANEIRO, BRAZIL
GALEAO-ANTONIO CARLOS JOBIM INTL
ILS U CAT II Rwy 10

JEPPESEN — 1 JAN 16, Eff 7 Jan (11-4)

MISSED APCH CLIMB GRADIENT MIM 5%

D-ATIS	RIO Control (Approach) (R)	GALEAO Tower	Ground
127.6	119.35 121.25 125.95 126.2 128.9 129.8 133.3 134.4	118.0 118.2	121.35 121.65

LOC ITB	Final Apch Crs	GS D7.4 ITB	CAT II ILS RA 111'	Apt Elev 28'	
109.3	097°	1700' (1684')	DA(H) 116' (100')	Rwy 16'	FL 095 6300' 5000'

MISSED APCH: Climb to 7000'. Maintain course 097° until 2000'. Then turn RIGHT for holding at PCX VOR.

Alt Set: hPa | Rwy Elev: 1 hPa | Trans level: By ATC | Trans alt: 7000' | MSA CXI VOR 5500' within 10 NM
1. MAX IAS at NOA NDB 200 Kts.

DIST to THR	D7.4 ITB	4.0	3.0	2.0	1.0	0.1
ALTITUDE	1700'	1365'	1040'	717'	396'	116'

Gnd speed-Kts		110	130	150	170	190
GS	3.00°	584	690	796	902	1008
Rate of descent on final (feet/min)		600	700	800	900	1000

ALSF-II | PAPI PAPI | 2000' | 097°

STRAIGHT-IN LANDING RWY 10
MISSED APCH CLIMB GRADIENT MIM 5%
CAT II ILS
RA 111'
DA(H) **116'** (100')
CEILING-VISIBILITY

CEILING REQUIRED

100'-RVR 400m

CAPÍTULO 2

ILS CATEGORÍA I

Operaciones ILS categoría I
"AWO CAT 1"

Comenzando con la primera de las 5 operaciones posibles en lo que se conoce como "All Weather Operation", vamos a tomar como referencia estándar para distinguirlas entre si, los mínimos meteorológicos que dividen a cada operación. Veamos el siguiente cuadro:

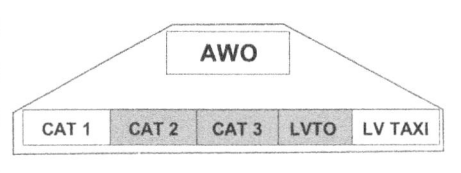

Categorías de ILS (Sistema de Aterrizaje por Instrumentos)				
Categoría	Altura de Decisión	Rango Visual de la Pista (RVR)	Visibilidad Mínima
CAT I	200 pies (61 m)	1800 pies (550 m)	1600 pies (800 m)
CAT II	100 pies (30 m)	1200 pies (370 m)	-
CAT IIIa	No hay	700 pies (210 m)	-
CAT IIIb	No hay	150 pies (46 m)	-
CAT IIIc	No hay	No es necesario	-

La principal diferencia entre una operación y otra es la restricción operativa hasta la que una aeronave puede continuar la aproximación. Para nuestro caso en particular, en un ILS categoría 1, podremos continuar con la aproximación, bajo condiciones instrumentales, cuando la visibilidad sea igual o mayor a 800 metros o con un RVR igual o mayor a 550 metros. Cumplido este valor, podemos continuar hasta la DH tomando como limite de descenso un valor igual o mayor a 200 pies, donde será mandatorio haber establecido una referencia visual requerida para poder continuar y aterrizar. En caso contrario, se deberá realizar una aproximación frustrada, conocida como "Go Around" o "Escape".

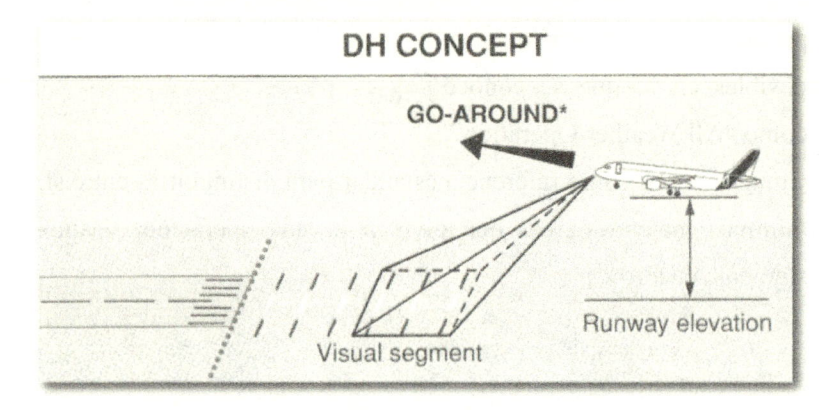

Volando un ILS

Operar un ILS es una técnica de suma precisión que lleva a nuestro avión desde un punto de inicio conocido como IAF (Initial approach fix) hasta un punto final conocido como DA/DH (Decision Altitude/height), donde la tripulación deberá decidir si continua y aterriza el avión o si abortan el aterrizaje y realizan una aproximación frustrada para comenzar un ascenso.

- Pero, que sucede en medio de estos dos puntos?

Veamos el recorrido completo que haría nuestro avión en un procedimiento ILS estándar:

Para analizar el recorrido de un ILS, necesitamos considerar dos planos diferentes: el recorrido en el plano horizontal y el recorrido en el plano vertical. Veamos:

Plano Horizontal: Observando el circulo punteado, encontramos el punto de inicio de este procedimientos ILS marcado como (IAF). Luego de abandonar este punto de inicio, el avión comienza su recorrido por un radial de alejamiento (164 en este caso) hasta llegar a una determinada distancia desde el IAF (11.5 nm en este caso). A partir de allí realiza un cambio de rumbo con un viraje hacia su derecha con la intención de ingresar con un curso final para aterrizar (359 en este caso).

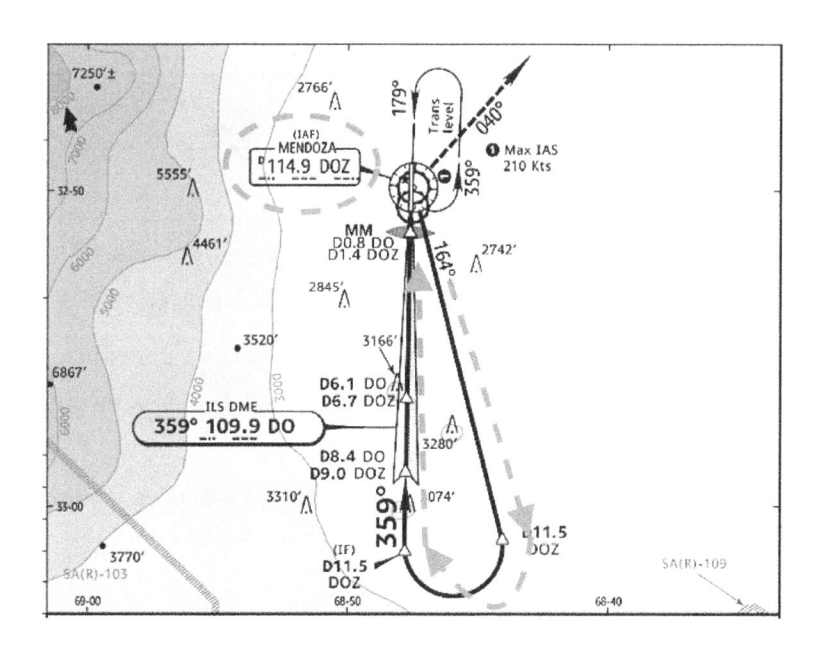

Plano Vertical: Al mismo tiempo que el avión realiza su recorrido en el plano horizontal, también debe hacerlo en el plano vertical o de descenso. Observando el circulo punteado, describe el nivel de vuelo asignado para dar inicio al procedimiento (en este caso asignado por el control). Luego de abandonar este punto, comienza su descenso hasta alcanzar una altitud de 5000 Ft a una distancia determinada del IAF. En este caso en particular, sobre el plano horizontal existe un viraje pero en el plano vertical se mantiene la altitud constante durante el mismo, hasta alcanzar una distancia determinada (9.0 nm en este caso). En ese preciso momento continua su descenso en el plano vertical hasta el punto final de la aproximación, hasta la mencionada DH, la cual estará definida por una altura y distancia especifica.

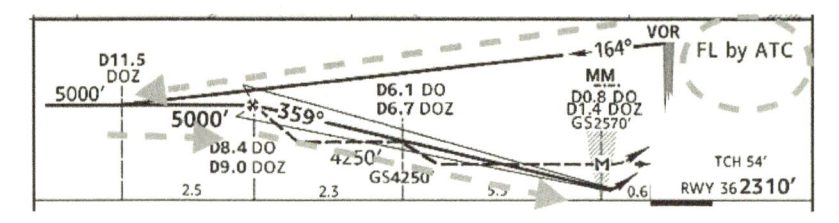

Los planos o perfiles horizontales y verticales de un ILS pueden variar según las características de la carta de aproximación a realizar, y ésta, puede variar según la geografía del aeródromo y de sus alrededores.

Veamos algunos ejemplos de perfiles horizontales y verticales diferentes a los que acabamos de estudiar:

Sobre el *plano horizontal,* en el mismo aeródromo encontramos una variante muy interesante con 2 particularidades especiales. La primera y mas importante, es que el IAF (circulo punteado) se encuentra alejado del aeródromo y propone un vuelo semicircular formando el conocido "Arco DME" hasta llegar al punto de aproximación final, donde cambiará su curso por el nuevo que lo lleve hacia la pista (359 en este caso).

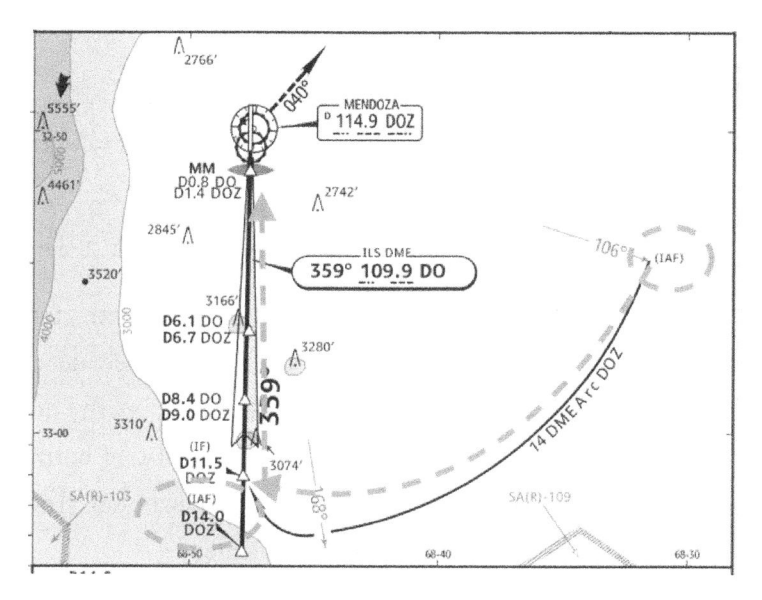

La segunda consideración a tener en cuenta es que para esta carta en especial, existen dos IAF o dos puntos de inicio diferentes, en diferentes lugares y con diferentes intenciones de operación. Este segundo IAF esta en la parte inferior dentro del circulo punteado y propone, únicamente, iniciar su aproximación final desde allí con el curso final hacia la pista.

Sobre el plano vertical, no existen variantes para este caso. Para ambos planos horizontales será el mismo plano vertical con el mismo descenso, sea cual sea el IAF de inicio. Como todo plano vertical o perfil de descenso, deberá respetar altitudes mínimas publicadas, en este caso 6000 Ft hasta las 14 NM, luego 5000 Ft hasta las 9 NM, para luego continuar con su descenso continuo siguiendo la indicación del ILS hasta el punto final o DH.

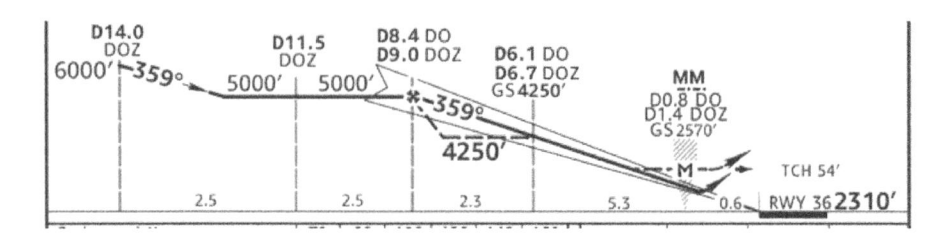

```
     D14.0           D11.5      D8.4 DO
      DOZ             DOZ       D9.0 DOZ   D6.1 DO
6000'┌─359°                                D6.7 DOZ     MM
                    5000'  | 5000'\        GS 4250'    D0.8 DO
                                   *-359°              D1.4 DOZ
                                      ────             GS 2570'
                                      4250'
                                                   ─ M ──       TCH 54'
          2.5          2.5      2.3        5.3     0.6  RWY 36 2310'
```

Como hemos visto al inicio de este manual, toda la información que nos brinda el sistema de ILS depende de ciertas antenas que trabajan de forma independiente, pero que se complementan al igual que ambos planos, el vertical y el horizontal. Para asociar estos planos o perfiles con las antenas del ILS y la información que nos brindan, diremos lo siguiente:

Para todo perfil horizontal, el avión tomará la información primaria del LOCALIZADOR (antena ubicada al final de la pista), complementando con el VOR y las RADIOBALIZAS.

Para todo perfil vertical, el avión tomará la información primaria del GLIDE SLOPE. (antena ubicada a un costado de la pista), complementando con la información del altímetro.

Informacion ILS desde la Cabina
(Parte 1)

Así como el avión responde a dos informaciones diferentes para poder sobrevolar los dos planos o perfiles de un ILS, lo mismo sucede con el instrumental desde dentro de la cabina de mando, donde el piloto tendrá que recibir, comprender y manipular esta doble información para completar un procedimiento. Usualmente en los aviones de pequeño porte, existen los instrumentos de navegación llamados VOR/ILS y se trata ni mas ni menos que de un instrumento VOR tradicional con dos agujas, que al cambiar su frecuencia numérica por la del ILS, pasa a funcionar como un LOCALIZADOR y un GLIDE SLOPE al mismo tiempo. Veamos la diferencia:

El instrumento de la izquierda es un receptor VOR con una sola aguja para indicar el radial que recibe de la antena. Por otro lado, el de la derecha es un receptor ILS con dos agujas, una vertical que recibe la información del localizador y otra horizontal que recibe la información del glide slope.

Descartando al receptor VOR, nos quedaremos únicamente con el receptor ILS y veremos como nos brinda su información. La emisión de ambas antenas (localizador y glide slope) forman un "cono" en el eje vertical y en el eje horizontal de nuestra aproximación. Una correcta operación de un ILS es lograr volar el avión a través de este "cono", tal como lo grafica la siguiente imagen:

En caso de cualquier desviación del perfil vertical u horizontal que propone el ILS, el instrumento informará de esta desviación mediante el desplazamiento de sus dos agujas.

Para informar de una desviación del localizador o plano horizontal, la aguja "vertical" se desplazará hacia la izquierda o hacia la derecha, según corresponda. Por otro lado, para informar una desviación del glide slope o plano vertical, la aguja "Horizontal" se desplazará hacia arriba o hacia abajo, según corresponda.

Veamos algunos ejemplos para dejar bien en claro este importante concepto:

En esta imagen podemos ver tres instrumentos que informan tres situaciones diferentes.

El Instrumento del centro, posee sus dos agujas centradas. La aguja vertical indica que la señal del localizador se encuentra centrada y asumimos que estamos en el plano o perfil horizontal de manera correcta. A su vez, la aguja horizontal indica que la señal del glide slope también se encuentra centrada y asumimos que estamos volando en el perfil de descenso o plano vertical correcto.

Ahora bien, observemos al instrumento de la izquierda. Indica que estamos volando de manera correcta el localizador pero con un desvió del glide slope, por lo que NO estamos en el perfil de descenso correcto. Pregunta: estamos por encima o por debajo del perfil correcto? Estamos volando demasiado alto o demasiado bajo para nuestro ILS?

La respuesta correcta se puede descubrir fácilmente, entendiendo a la aguja, como el perfil deseado de descenso. Por consiguiente si la aguja esta por debajo del centro del instrumento, nuestro avión se encuentra por encima de la senda de planeo deseada, o volando demasiado alto para el perfil de descenso del ILS, ya que el perfil deseado de descenso quedo por debajo.

Por el contrario, si observamos el instrumento del lado derecho, que creen que este sucediendo? Estaremos volando por debajo del perfil de descenso deseado o por encima? Este razonamiento será tarea de Uds.

Pasando a la indicación del LOCALIZADOR, su comportamiento es similar al del VOR. Si notamos que la aguja vertical se encuentra en el centro del instrumento, estamos volando el perfil horizontal de forma correcta. Pero si, por el contrario, la aguja se encuentra desplazada hacia un lado, nos estará indicando que el perfil horizontal se ha quedado para ese mismo lado, entendiendo que nuestro avión se encuentra desviado.

Por ejemplo, en esta imagen, vemos que la aguja se encuentra desplazada hacia el lado izquierdo. Esta información hace referencia de que el perfil deseado ha quedado del lado izquierdo de nuestro avión.

Esta combinación de información de ambas agujas, trabajando en conjunto, resultan muy útil y precisa para poder volar el avión en el perfil ILS correcto. Veamos otro ejemplo:

Es tu turno nuevamente. En esta figura, tenemos un ILS con información de sus dos agujas desplazadas. La incógnita a resolver es la siguiente:

- *Cual es la posición del avión con respecto al perfil ILS?*

    a) El avión se encuentra por debajo del perfil de descenso y a la derecha del localizador.
    b) El avión se encuentra por encima del perfil de descenso y a la izquierda del localizador.
    c) El avión se encuentra por debajo del perfil de descenso y a la izquierda del localizador.
    d) El avión se encuentra por encima del perfil de descenso y a la derecha del localizador.

Dejaremos la respuesta correcta para mas adelante, pero considerando que acertaron en su elección.

Durante la aproximación final y volando un ILS podemos encontrar radiobalizas que funcionarán como puntos de chequeos adicionales para corroborar que nuestra senda de planeo sea la correcta. Dependiendo de las instalaciones del aeropuerto donde estemos operando, podemos encontrar desde una hasta tres radiobalizas que brindan una señal luminosa y sonora en la cabina de mando. **Pero, ¿que clase de información nos brindan estas balizas?**

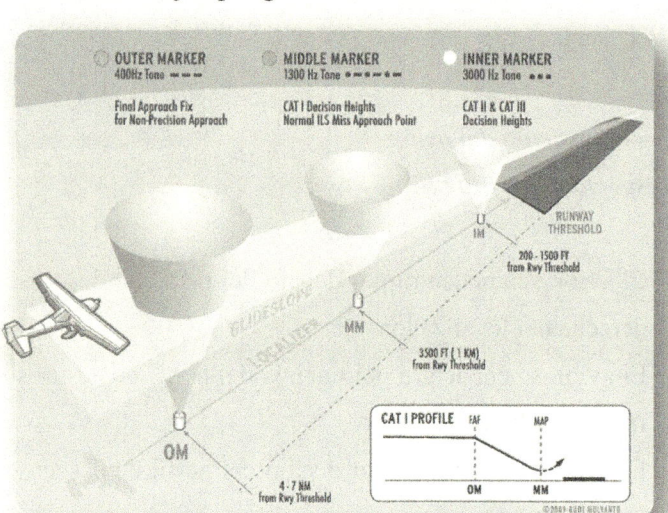

Veamos un ejemplo gráfico de su funcionamiento:

Como podemos observar en el gráfico, cada radiobaliza posee un nombre propio y una identificación en clave Morse especifica. A su vez, cada una de ellas se diferencian por un color determinado. Veamos:

OM: Color Azul. Morse: - - -
MM: Color Naranja. Morse: .- .- .-
IM: Color Blanco. Morse: . . .

Desde dentro de la cabina de mando, podremos oír la señal sonora de la clave Morse y visualizar la indicación luminosa de la siguiente manera:

La siguiente imagen representa un indicador de radiobalizas, el cual ofrece tres luces de colores y cada una de ellas representada con una letra. La letra O para la baliza OM de color azul. La letra M para la baliza MM de color naranja. Y la letra I para la baliza IM de color blanco

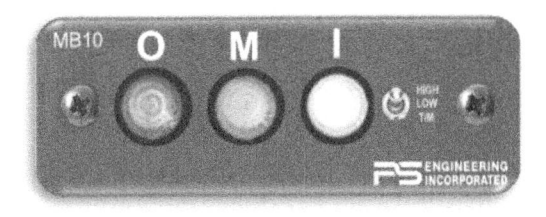

Los indicadores de radiobalizas pueden variar su forma dependiendo del fabricante, e incluso, en algunos casos se encuentran incorporados a los instrumentos de lectura ILS (VOR/HSI). Pero, a pesar de las diferentes presentaciones y formas, la información que ofrece es siempre la misma con el mismo formado de luces y colores.

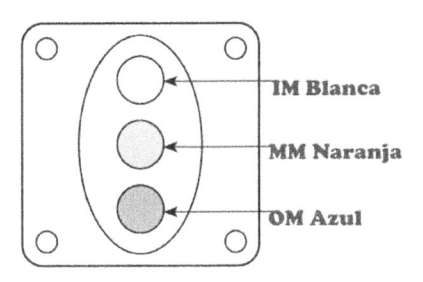

Informacion ILS desde la Cabina
(parte 2)

Habiendo comprendido la lectura de la información que brinda un sistema ILS en un equipo VOR/ILS, pasemos a conocer algunas alternativas de operación. En aeronaves mas complejas podemos encontrar instrumentos de navegación con el sistema de ILS incorporado. El HSI es un claro ejemplo de la evolución del VOR y es la instancia previa a pasar directamente a un sistema EFIS (electronic flight instrument system), donde podemos obtener toda la información del vuelo en una sola pantalla.

Al igual que en el VOR, el HSI presenta una cartilla y dos perillas selectoras, una para el curso y otra para el piloto automático. Tal como lo hemos aprendido en ediciones anteriores de HDIW.

A diferencia de un HSI tradicional, un HSI/ILS posee un indicador de la senda de planeo o indicador de GLIDE SLOPE. Este indicador esta ubicado en los laterales del instrumento y proporciona 5 marcas indicadoras. Una central, 2 por encima de la central y dos por debajo de la central.

Desde la parte superior desciende un "diamante" que cumple la misma función que la aguja del GLIDE SLOPE en el VOR/ILS, sube y baja dependiendo de la senda de planeo que lleve el avión (dependiendo del fabricante el diamante puede ser reemplazado por un circulo u otra figura).

Analizando estos extractos de la imagen anterior, encontramos las 5 marcas del GS y el diamante o "Aguja" del GS al igual que en el equipo VOR.
La marca central se representa como una Línea recta a diferencia de las 4 restantes representadas en forma de cruz.

Respetando el mismo formato, podemos encontrar una muy interesante variable del HSI analógico y es su versión digital, dando un gran salto a la tecnología de pantallas y un paso mas cerca al mencionado EFIS.

Al igual que el HSI analógico, la versión digital presenta la misma información, una barra o aguja para los cursos y 5 marcas para la indicación de la senda de planeo. Adicionalmente y dependiendo del fabricante del equipo, un HSI digital puede incorporar mas información adicional y de suma importancia al vuelo, como ser un DME incorporado y un ADF para las radiobalizas. Veamos:

Analizando este HSI digital, encontramos la información básica al igual que el HSI analógico. Las marcas indicadoras del GLIDE SLOPE se encuentran en un solo lado y no en ambos como el anterior. Adicionalmente podemos observar información de velocidad en su esquina superior derecha e información de distancia DME en su esquina superior izquierda. Sobre las esquinas inferiores encontramos la información del curso y la selección de ADF. Al igual que el HSI analógico, la versión digital también presenta dos perillas selectoras, una para el curso y otra para el piloto automático.

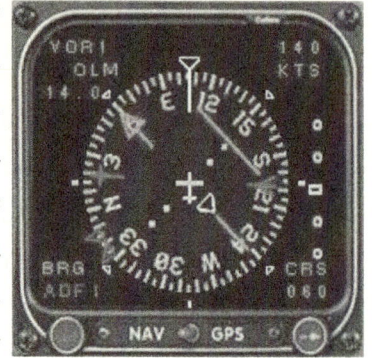

Veamos algunos ejemplos de las posibles variaciones en la información presentada por un HSI, tanto analógico como digital:

En este ejemplo, el HSI informa que el curso del localizador se encuentra desplazado a la derecha con respecto al curso actual del avión. Además del localizador, en las marcas laterales tenemos la información de la senda de planeo e indica que el avión se encuentra por encima de la senda de planeo correcta.

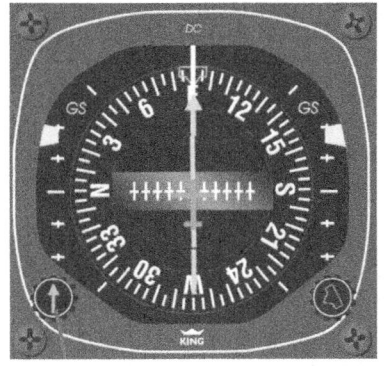

En esta segunda imagen, el HSI informa que el localizador se encuentra centrado con el curso del avión pero el indicador del GLIDE SLOPE presenta un desvió de la senda de planeo correcta, asumiendo que el avión esta volando por debajo de la misma.

Para el caso del HSI digital, la información presentada es la misma, agregando información adicional de distancia DME en su esquina superior izquierda e información de curso seleccionado en su esquina superior derecha. Tu turno:

- *El avión se encuentra a la derecha o a la izquierda del localizador?*
- *El avión se encuentra por encima o por debajo de la senda de planeo correcta?*

Volviendo a la pregunta de páginas anteriores con respecto al perfil del avión en el VOR/ILS, la respuesta correcta es la D.

Veamos a modo de ejemplo como se vería la información de un ILS en un sistema EFIS. La siguiente imagen corresponde al PFD (primary flight display) de un Airbus 320.

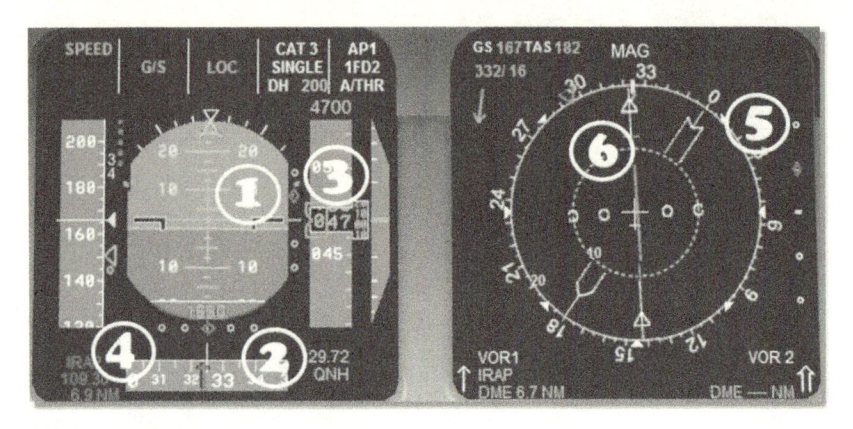

En la pantalla de la izquierda observamos 4 puntos relevantes para un ILS. El numero 1 consiste en dos barras, una vertical (GS) y una horizontal (LOC). Las mismas se van moviendo a medida que el avión se va desplazando, tanto del curso final como de la senda de planeo correcto. En los puntos 2 y 3, tenemos la misma información que en el HSI, 5 marcas, la del numero 3 para el GS y la del numero 2 para el LOC. En el punto 4 encontramos información adicional de la frecuencia ILS seleccionada y la distancia DME. Por otra parte, en la pantalla derecha, encontramos un tradicional HSI digital. En el punto 6 se grafica la barra central del HSI (CDI) y en la parte derecha vemos el punto numero 5 que grafica las 5 marcas del GS, con una central para la senda de planeo correcta, dos superiores para desvíos por debajo del GS y dos inferiores para desvíos por encima del GS.

Volando un ILS

Habiendo comprendido el funcionamiento del sistema ILS y habiendo conocido como obtener la información desde la cabina, pasemos a un ejemplo práctico y realicemos una carta de aproximación ILS, tanto con un VOR/ILS como con un HSI.

Tomaremos como ejemplo la carta de aproximación del aeropuerto internacional de Córdoba, Argentina. Para lograr una mayor simplicidad, vamos a considerar que nuestra aeronave se encuentra en el IAF (Initial approach fix), que en este caso es el VOR CBA.

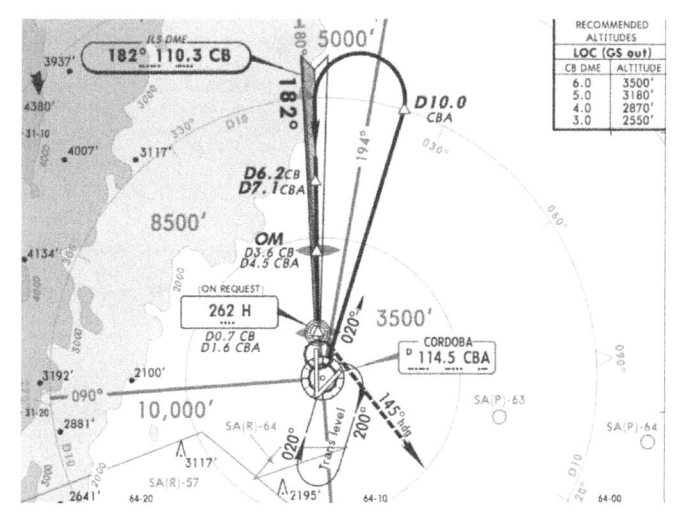

Antes de comenzar el vuelo, veamos la carta completa para reforzar la conciencia situacional acerca del procedimiento que vamos a realizar:

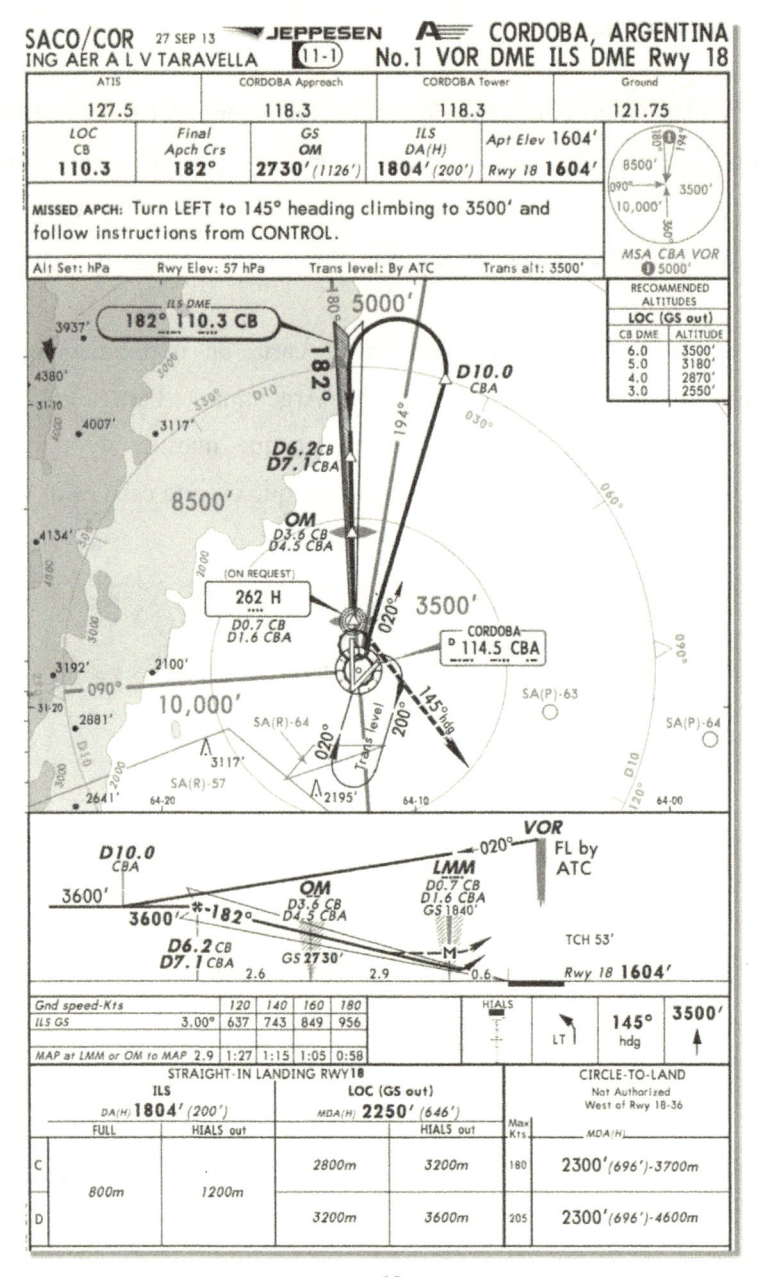

SACO/COR — CORDOBA, ARGENTINA
ING AER A L V TARAVELLA — No.1 VOR DME ILS DME Rwy 18

27 SEP 13 — JEPPESEN (11-1)

ATIS	CORDOBA Approach	CORDOBA Tower	Ground
127.5	118.3	118.3	121.75

LOC CB	Final Apch Crs	GS OM	ILS DA(H)	Apt Elev 1604'
110.3	182°	2730' (1126')	1804' (200')	Rwy 18 1604'

MISSED APCH: Turn LEFT to 145° heading climbing to 3500' and follow instructions from CONTROL.

Alt Set: hPa   Rwy Elev: 57 hPa   Trans level: By ATC   Trans alt: 3500'

MSA CBA VOR 5000'

RECOMMENDED ALTITUDES
LOC (GS out)
CB DME	ALTITUDE
6.0	3500'
5.0	3180'
4.0	2870'
3.0	2550'

ILS DME 182° 110.3 CB

D10.0 CBA
D6.2 CB / D7.1 CBA
OM D3.6 CB / D4.5 CBA
(ON REQUEST) 262 H
D0.7 CB / D1.6 CBA
CORDOBA 114.5 CBA

VOR FL by ATC

D10.0 CBA — 3600'
3600' *-182°
D6.2 CB / D7.1 CBA GS 2730'
OM D0.7 CB / D1.6 CBA LMM D3.6 CB / D4.5 CBA GS 1840'
TCH 53'
Rwy 18 1604'

145° hdg   3500'   LT   HIALS

Gnd speed-Kts		120	140	160	180
ILS GS	3.00°	637	743	849	956
MAP at LMM or OM to MAP 2.9		1:27	1:15	1:05	0:58

STRAIGHT-IN LANDING RWY 18

	ILS DA(H) 1804' (200')		LOC (GS out) MDA(H) 2250' (646')			CIRCLE-TO-LAND Not Authorized West of Rwy 18-36
	FULL	HIALS out		HIALS out	Max Kts	MDA(H)
C	800m	1200m	2800m	3200m	160	2300' (696')-3700m
D			3200m	3600m	205	2300' (696')-4600m

68

Desde el IAF, comenzamos el procedimiento descendiendo desde el nivel de vuelo actual hasta 3600 FT y alejando por el radial 020 de CBA hasta las 10 NM. Siguiendo el recorrido de las flechas dibujadas en la carta, podemos ver desde la imagen de la cabina de mando, que el HSI informa el radial 020, a su vez, el altímetro desciende a una velocidad vertical de 500 pies por minuto como lo indica el VSI o variómetro.

Según las instrucciones de la carta, el avión deberá mantener este perfil hasta llegar a las 10 NM del VOR CBA y detener su descenso a los 3600 FT antes de iniciar el "Viraje de Procedimiento", mencionado normalmente como PT (Procedure Turn).

La importancia de un PT, radica en la posibilidad de llegar al FAF (final approach fix) con todos los parámetros estabilizados para poder iniciar la aproximación final y llevar a cabo un ILS exitoso. Analizando el perfil de descenso y en esta carta en particular, el PT se realiza a una altitud constante e indicada a 3600 FT.

Desde la vista de la cabina, observamos al Horizonte Artificial con una actitud de inclinación de casi 20 grados. Tanto el altímetro como el VSI se encuentran nivelados y el HSI presenta la barra desplazada hacia la izquierda, indicando que realizaremos el giro para ese lado con el fin de incorporar el avión al curso final del localizador (curso 182), previamente seleccionado desde la perilla selectora de curso en el instrumento.

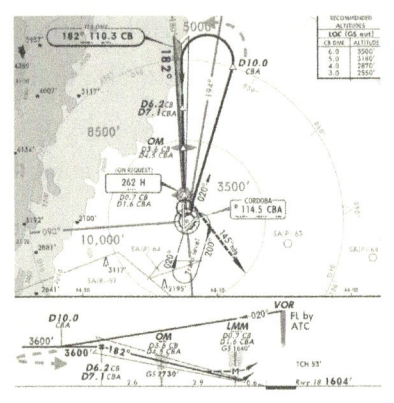

Una vez que el avión esta establecido en el tramo final y desde el FAF, iniciamos la aproximación ILS. Según la carta, el FAF esta a las 6.2 NM de ILS y a 7.1 NM del VOR. Llegados a este punto, comienza el cambio de la actitud del avión. Suponiendo que el ILS funciona completo y que la visibilidad esta por encima del mínimo permitido, la aproximación deberá continuar su descenso sobre el localizador y el GLIDE SLOPE hasta la altitud de decisión, en este caso es de 1804 FT.

Desde dentro de la cabina observamos el altímetro en descenso, el VSI a un régimen de descenso de 700 FT/MIN, el HSI con el localizador centrado y curso final 182 y el diamante del GS descendió hasta la marca central de su indicación, confirmando la senda de descenso correcta.

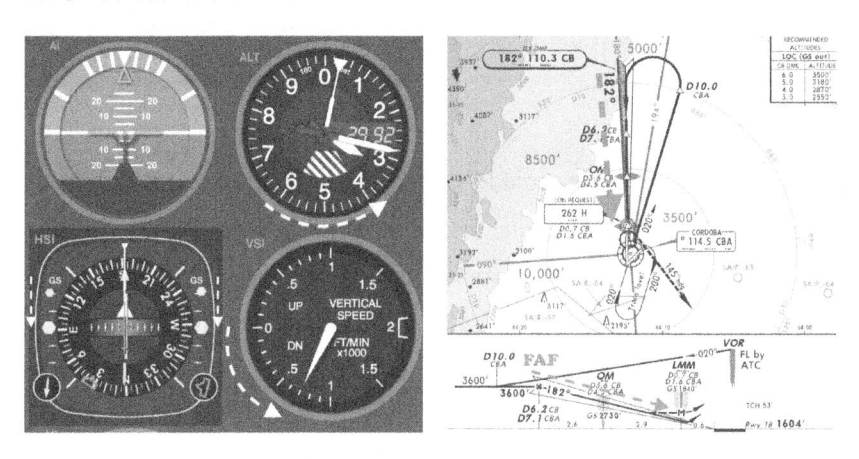

En esta carta ILS, desde el FAF hasta a DA, existe un punto intermedio de chequeo identificado con la radiobaliza externa OM (outer marker). Veamos el perfil de descenso de la carta.

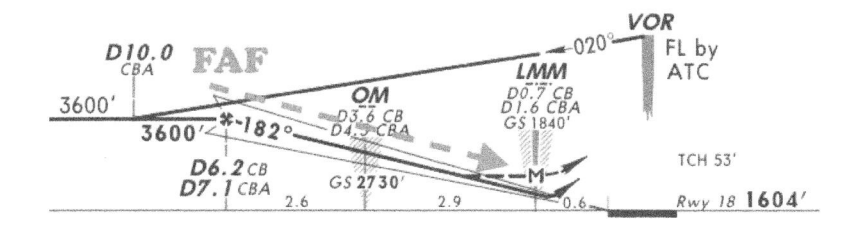

Con un continuo perfil de descenso sobre el GS y con el curso centrado al LOC, el avión debería sobrevolar la radiobaliza OM con una altitud de 2730 FT y observar una distancia de 3.6 NM del ILS o 4.5NM del VOR CBA.

Habiendo sobrevolado OM con los parámetros mencionados, tendremos la certeza de que la senda de planeo en la aproximación final es la correcta hasta ese momento. Desde la cabina, observamos el altímetro cruzando los 2730 FT al mismo momento en el que se enciende la luz azul del indicador de las radiobalizas. Recordando las luces de las radiobalizas, estas son: OM azul, MM naranja e IM blanca

Una vez llegados a la DA o altitud de decisión (ILS DA 1804'), es momento de continuar con el aterrizaje de forma VISUAL según los requerimientos legales para un ILS Categoría 1. En caso de no tener contacto visual con las luces de aproximación, en esta instancia se deberá realizar una aproximación frustrada o "Escape".

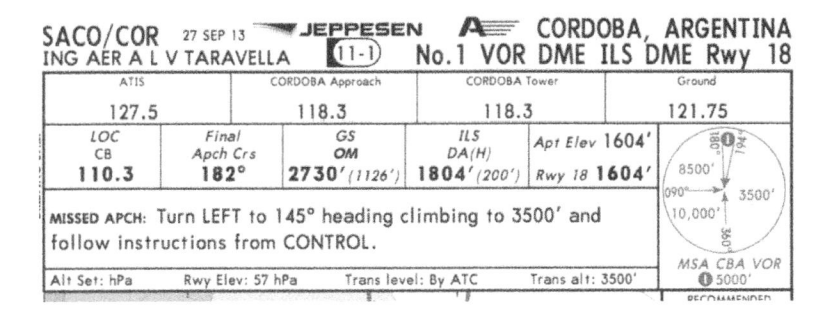

SACO/COR 27 SEP 13 JEPPESEN	CORDOBA, ARGENTINA
ING AER A L V TARAVELLA (11-1)	No.1 VOR DME ILS DME Rwy 18

ATIS	CORDOBA Approach	CORDOBA Tower	Ground
127.5	118.3	118.3	121.75

LOC CB 110.3	Final Apch Crs 182°	GS OM 2730' (1126')	ILS DA(H) 1804' (200')	Apt Elev 1604' Rwy 18 1604'	8500' 090° 3500' 10,000' 180°

MISSED APCH: Turn LEFT to 145° heading climbing to 3500' and follow instructions from CONTROL.

MSA CBA VOR 5000'

Alt Set: hPa	Rwy Elev: 57 hPa	Trans level: By ATC	Trans alt: 3500'

El procedimiento de aproximación frustrada, consta de una serie de pasos publicados en una sección de la carta. En este caso en particular, descripto como MISSED APCH e indica realizar un viraje por izquierda al rumbo 145 ascendiendo para 3500 FT y seguir las instrucciones del control de transito aéreo, quien podría guiar al avión para una nueva aproximación a la misma pista, guiar al avión hacia un sector de "espera" o bien guiar al avión para una aproximación diferente en la misma pista u otra disponible.

La información del MISSED APCH también se encuentra diagramada con símbolos en la parte inferior de la carta. Indican las luces de aproximación, el viraje a realizar con las letras LT (left turn), el rumbo a adoptar y la altitud final a la que debemos ascender.

Gnd speed-Kts		120	140	160	180	HIALS		145°	3500'
ILS GS	3.00°	637	743	849	956		LT	hdg	

Ejercicio Práctico

Habiendo volado un ILS desde la carta instrumental como desde la cabina de mando, es momento de poner en practica nuestras habilidades profesionales. Nuevamente es tu turno! Será tu trabajo decidir como configurar los parámetros de vuelo desde la cabina de mando para lograr realizar una aproximación ILS y aterrizar si las condiciones meteorológicas lo permiten.

La tarea es simple, analizaremos una carta de aproximación ILS del aeropuerto internacional de la ciudad de Mendoza, Argentina (SAME). Iniciando el ejercicio desde el IAF, justo sobre el VOR DOZ, deberemos decidir como configurar el HSI, el VSI y hasta donde descender con el altímetro. Tengamos en cuenta todas las consideraciones previstas en las páginas anteriores e intentemos cumplir con el objetivo de aterrizar en el aeropuerto de la ciudad de Mendoza.

La condiciones meteorológicas predominantes en el lugar son restrictivas y el ATIS MENDOZA reporta lo siguiente:

ATIS MDZ 0900UTC RWY 36 050/02 1200mts FG FEW 050 OVC026 07/07 Q29.92 CAUTION BIRDS

Veamos ahora la carta en uso para la pista 36 y comencemos con el procedimiento:

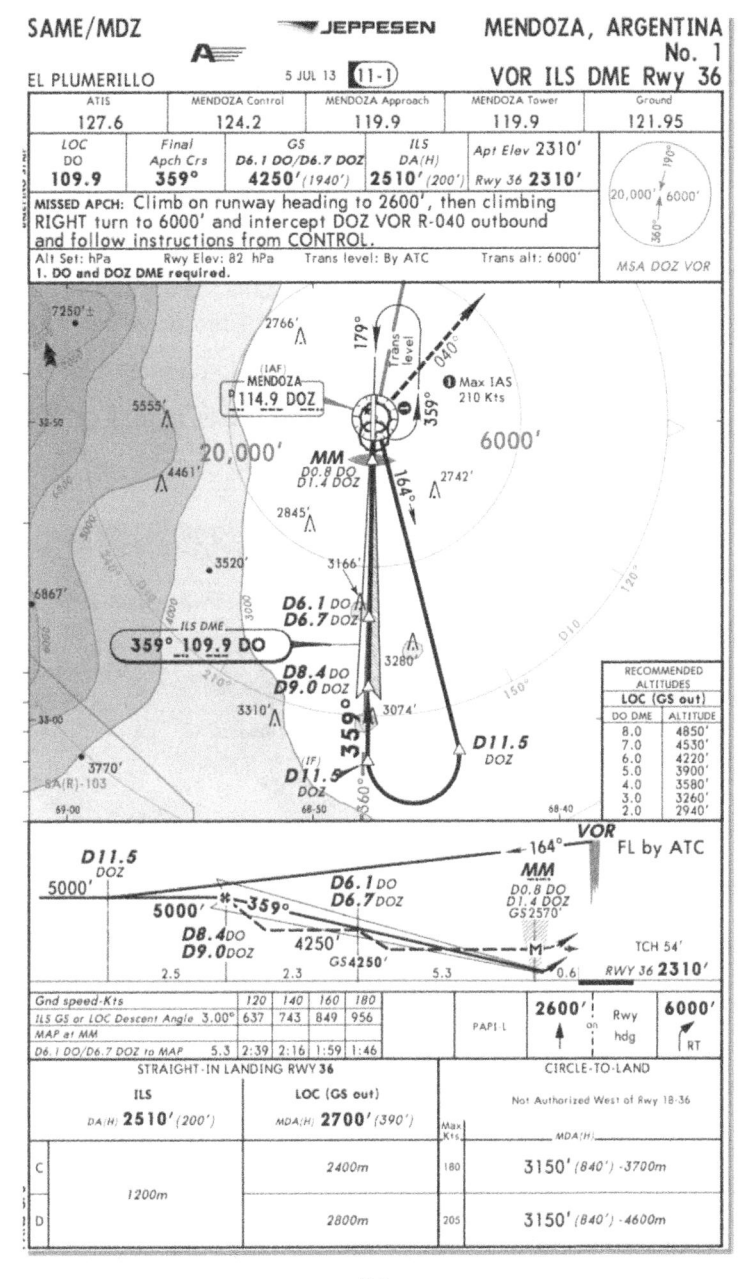

MENDOZA, ARGENTINA
SAME/MDZ — EL PLUMERILLO
VOR ILS DME Rwy 36 — No. 1

JEPPESEN — 5 JUL 13 (11-1)

ATIS	MENDOZA Control	MENDOZA Approach	MENDOZA Tower	Ground
127.6	124.2	119.9	119.9	121.95

LOC DO	Final Apch Crs	GS D6.1 DO/D6.7 DOZ	ILS DA(H)	Apt Elev 2310'	
109.9	359°	4250' (1940')	2510' (200')	Rwy 36 2310'	

MISSED APCH: Climb on runway heading to 2600', then climbing RIGHT turn to 6000' and intercept DOZ VOR R-040 outbound and follow instructions from CONTROL.

Alt Set: hPa   Rwy Elev: 82 hPa   Trans level: By ATC   Trans alt: 6000'
1. DO and DOZ DME required.

MSA DOZ VOR: 20,000' / 6000'

RECOMMENDED ALTITUDES — LOC (GS out)

DO DME	ALTITUDE
8.0	4850'
7.0	4530'
6.0	4220'
5.0	3900'
4.0	3580'
3.0	3260'
2.0	2940'

Gnd speed-Kts		120	140	160	180
ILS GS or LOC Descent Angle 3.00°		637	743	849	956
MAP at MM					
D6.1 DO/D6.7 DOZ to MAP	5.3	2:39	2:16	1:59	1:46

PAPI-L   2600' Rwy hdg   6000' RT

STRAIGHT-IN LANDING RWY 36

	ILS	LOC (GS out)		CIRCLE-TO-LAND
	DA(H) 2510' (200')	MDA(H) 2700' (390')	Max Kts	Not Authorized West of Rwy 18-36 MDA(H)
C		2400m	180	3150' (840') -3700m
D	1200m	2800m	205	3150' (840') -4600m

75

Comenzando desde el IAF a nivel de vuelo 060, el control de transito aéreo autoriza a iniciar el procedimiento.

Tu trabajo como piloto al mando de la aeronave y responsable de la seguridad del vuelo, será trabajar con los instrumentos. En el HSI deberás dibujar el CDI o aguja en la posición correcta anotando el curso correcto en la parte superior del instrumento. A su vez, en el VSI deberás dibujar la aguja en el rango de descenso correcto y por ultimo, en el altímetro, deberás dibujar las agujas en la altitud de descenso deseada o a la cual deseas llegar en este punto.

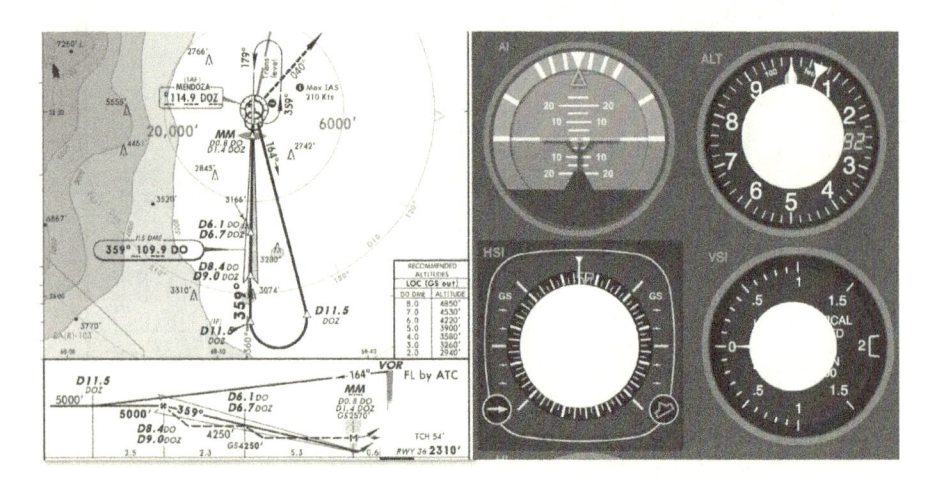

Pasemos a la segunda etapa:

Estamos en el viraje de procedimiento (PT). Aquí es donde comienza el trabajo delicado del ILS, al finalizar el PT e ingresar al tramo final de la aproximación.

Trabajemos con los instrumentos. El horizonte artificial nos muestra que el avión se encuentra realizando un viraje hacia el lado derecho. En el HSI deberemos anotar el curso final a adoptar, dibujando el CDI en la posición correcta y su barra con el desplazamiento adecuado. Por otra parte, en el altímetro debemos anotar la posición de las agujas y en el VSI la ubicación de la aguja según el perfil de vuelo que esta teniendo el avión durante el viraje de procedimiento.

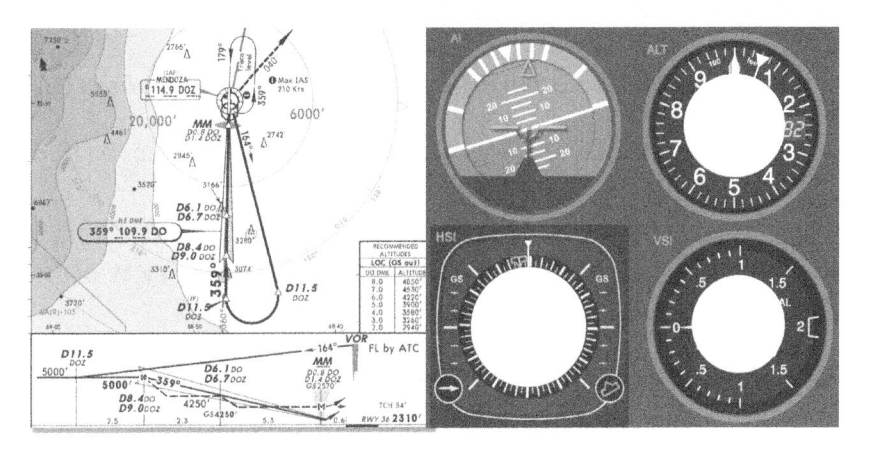

Pasemos a la tercera etapa:

Una vez establecidos en el tramo de aproximación final, llegamos al FAF y comenzamos el descenso sobre el GS y el LOC. Desde la cabina ya podemos seguir con la información ILS que leemos en el HSI. En el mismo deberás dibujar el CDI en la posición correcta y agregar el diamante del GS en su lugar. En cuanto al altímetro vamos a dibujar las agujas para que las mismas indiquen la DA. En el VSI dibujaremos el rango de descenso, y por último:

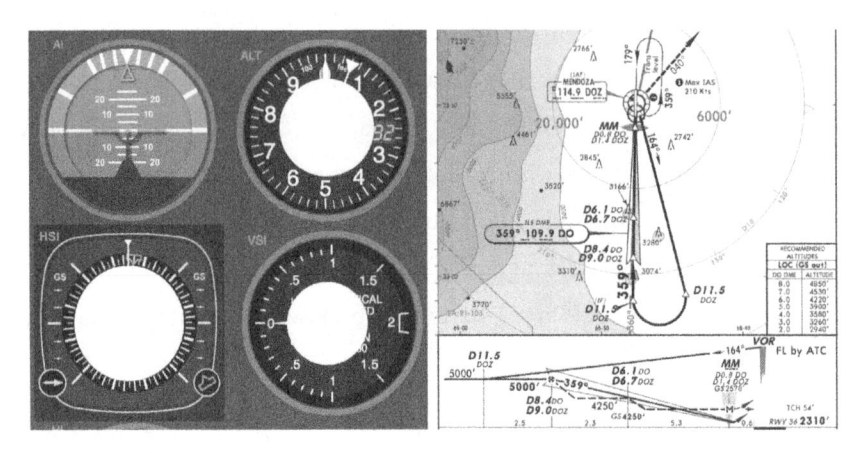

- A que altitud la indicación de la LUZ AZUL de la radiobaliza OM?

Pasemos a la ultima etapa. En esta ultima etapa, un ATIS de ultimo momento dice lo siguiente:

ATIS MDZ 0920UTC RWY 36 050/02 1000mts FG FEW 050 OVC020 07/07 Q29.92

- Como piloto al mando de la aeronave, es tu tarea decidir si la aproximación continua o no. Cual es tu decisión?

Veamos las dos opciones:

1) La aproximación continua. La aeronave aterriza en la pista 36. Dibujar el CDI en el HSI con el curso correcto, el VSI y el altímetro con la altitud justa una vez aterrizado.

2) La aproximación no puede continuar y realizamos el procedimiento de "aproximación frustrada" según la carta. Dibujemos los parámetros correctos en la cabina.

Gnd speed-Kts		120	140	160	180
ILS GS or LOC Descent Angle 3.00°		637	743	849	956
MAP at MM					
D6.1 DO/D6.7 DOZ to MAP	5.3	2:39	2:16	1:59	1:46

PAPI-L | 2600' on | Rwy hdg | 6000' RT

Finalizando este capitulo, hemos dado los primeros pasos en el largo camino de los procedimientos ILS. No hay que olvidar la precisión de estos procedimientos y de los altos requerimientos de la atención distributiva que los mismos implican. Tengamos en mente que ante el desvió de cualquier parámetro de una aproximación ILS, siempre estará disponible la opción de realizar una aproximación frustrada y volver a intentarlo.

Seguramente se estarán preguntando si el desarrollo del procedimiento anterior fue correcto o no. Para averiguarlo podemos buscar la solución al ejercicio practico anterior en las páginas finales de este libro.

CAPÍTULO 3

ILS CAT II

Operaciones ILS categoría II
"AWO CAT 2"

Habiendo asimilado los conceptos básicos de las operaciones ILS CAT I, es momento de pasar a la siguiente etapa de las operaciones "AWO".

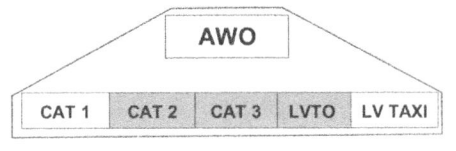

Como mencionamos en el capitulo anterior, la principal diferencia entre cada categoría de un ILS son las restricciones meteorológicas como se ven el este cuadro:

Categorías de ILS (Sistema de Aterrizaje por Instrumentos)			
Categoría	Altura de Decisión	Rango Visual de la Pista (RVR)	Visibilidad Mínima
CAT I	200 pies (61 m)	1800 pies (550 m)	1600 pies (800 m)
CAT II	100 pies (30 m)	1200 pies (370 m)	-
CAT IIIa	No hay	700 pies (210 m)	-
CAT IIIb	No hay	150 pies (46 m)	-
CAT IIIc	No hay	No es necesario	-

La principal ventaja de un ILS CAT II es que no hay necesidad de una visibilidad mínima, como si la hay en un ILS CAT I. Adicionalmente, se reduce la altura de decisión hasta un mínimo de 100 FT y el RVR hasta un mínimo de 370 Mts.

Pero, además de requerimientos meteorológicos, que otros factores diferenciales aparecen en un ILS CAT II?

Existen varios factores adicionales que diferencian a un ILS CAT II de su anterior categoría. Veamos:

- Equipos ILS extremadamente calibrados con respecto a los equipos de tierra, garantizando una máxima precisión.
- Marcas y luces de pista adicionales.
- Mayor espaciado entre aeronaves controlado por el ATC.
- Mayor área libre de obstáculos y de tránsito dentro del aeródromo (Áreas críticas y sensibles)
- Un entrenamiento especial por parte de la tripulación de vuelo y de los controladores de transito aéreo.
- Requerimientos legales para los tripulantes, las compañías y el aeropuerto por parte de la autoridad aeronáutica.

Todos estos factores adicionales sumados a las limitaciones meteorológicas, hacen de las operaciones ILS CAT II, una forma segura de llevar a cabo un procedimiento y un aterrizaje exitoso, cuando las condiciones están por debajo de los requerimientos mínimos para un ILS CAT I. Cada uno de estos factores mencionados, son indispensables para la operación CAT II. Llegado el caso en el que alguno de estos factores se viera afectado, el aeropuerto degradaría su categoría de ILS y pasaría a ser ILS CAT I únicamente. Para tal caso se deberán tener en cuenta los mínimos meteorológicos para un ILS CAT I y en caso de ser inferiores, el aeropuerto permanecerá cerrado para toda operación hasta tanto los mínimos meteorológicos estén al menos, para operaciones de ILS CAT I.

Operaciones ILS CAT II

La diferencia esencial entre las operaciones de CAT I y CAT II es que las operaciones de CAT II ubica la mayor confiabilidad en el equipamiento de a bordo y de tierra. Dicho equipamiento debe ser capaz de conducir a la aeronave a una posición desde la cual la tripulación de vuelo pueda hacer una transición desde el vuelo por instrumentos al vuelo visual a una DH de 100 pies y completar el aterrizaje en las condiciones de visibilidad reducida.

Existe un "espacio" llamado *"zona de decisión"* que es la porción de la aproximación entre los 300 pies AGL y la DH donde la derrota debe ser evaluada para determinar si todo el sistema de performance es suficiente para que la aeronave continúe a la DH.

Los parámetros de derrota normalmente utilizados dentro de la región de decisión, son ± 1/3 de punto del localizador (máximo) y ± 1/2 punto de desplazamiento de trayectoria de planeo (máximo), sin oscilaciones sostenidas en el localizador o trayectoria de planeo. Si la trayectoria está por fuera de dichos parámetros, mientras se está en la región de decisión, debe ejecutarse una aproximación frustrada, porque la trayectoria total no es suficiente para asegurar que la aeronave arribará a la DH en una trayectoria de vuelo que permita completar el aterrizaje con seguridad.

El proceso de evaluación y decisión debe continuar después de pasar la DH para CAT II para asegurar que las referencias visuales suficientes son mantenidas para controlar y maniobrar manualmente la aeronave y asegurar que la aeronave se mantiene alineada con el eje de la pista y puede hacer contacto dentro de la TDZ, y continuar el recorrido de aterrizaje en la pista con seguridad.

En caso que se requiera desconectar el piloto automático y proseguir manualmente el final de la aproximación y aterrizar, se deberá redoblar la atención para no permitir desvíos de la trayectoria de planeo.

El error más común en esta situación es abandonar completamente el vuelo por instrumentos y permitir un descenso suave del avión por debajo de la trayectoria, propiciando con esto, que un aterrizaje prematuro se torne inminente.

Por otra parte, de acuerdo a esta tendencia de abandonar la vigilancia de las indicaciones de desvíos del G/S, si disminuye la razón de descenso, el avión quedará por encima de la trayectoria y el aterrizaje será extremadamente largo, lo que tampoco es deseable.

Las neblinas o nieblas de superficie que permiten buena visibilidad vertical pueden ser verdaderas trampas, pues cuando se penetra en estas, la brusca reducción de visibilidad suele producir una ilusión de "PITCH UP" e inducir al piloto a bajar la nariz del avión y descender de la trayectoria. Este es un ejemplo de la visión exterior desde la cabina de mando en una aproximación ILS CAT II con una DH de 100 FT y un RVR de 370 Mts.

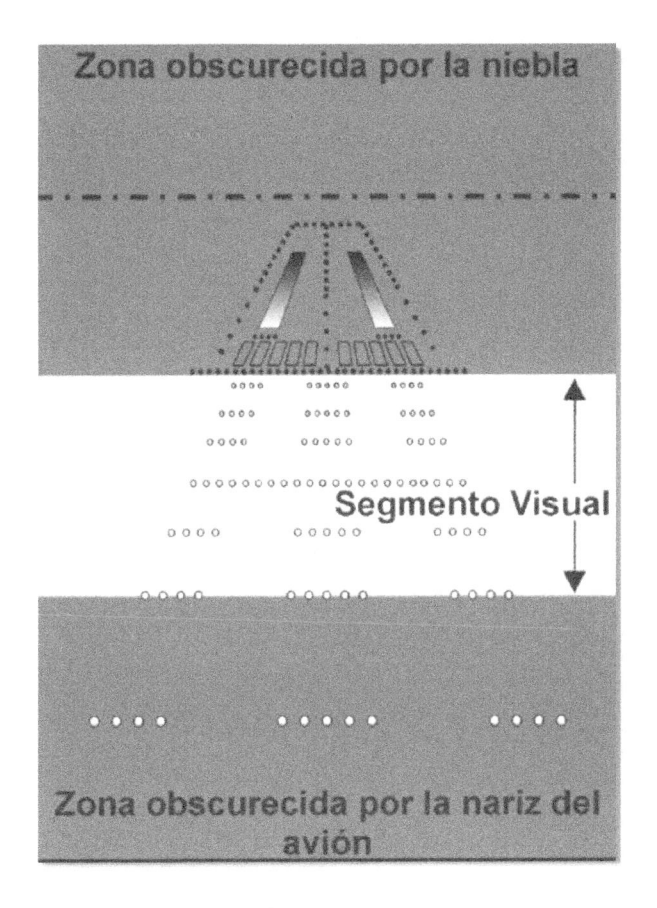

Considerando la importancia del sistema de luces en este ejemplo anterior, veamos la diferencia entre el sistema de luces de pista de un aeropuerto ILS CAT I y de un aeropuerto ILS CAT II:

Con el objetivo de maximizar la capacidad de los pilotos para poder ver las luces de la pista en condiciones de visibilidad extrema, al sistema de luces de un ILS CAT I se le agregan dos rieles de luces rojas al inicio de la pista, dos rieles de luces en la zona de impacto y un riel que ilumina la línea central de la pista.

**CALVERT
(British)**

**CALVERT
(British)
(CAT II & III)**

● *Luz permanente*

Preparación del descenso para ILS CAT II

Con el correr de las décadas se ha comprobado que el riesgo para toda aproximación se incrementa o se reduce en base a una buena preparación de descenso. Una adecuada preparación de la cabina, junto con una adecuada planificación de los pasos a seguir hasta el aterrizaje, han logrado hacer de las aproximaciones ILS CAT II y III, una forma extremadamente segura de operar una aeronave en condiciones meteorológicas marginales.

Ahora bien, de que se trata todo esto? Cuando nos referimos a una adecuada preparación de la cabina de mando durante el descenso, hacemos referencia a buscar un orden, desde la configuración de los instrumentos hasta la división de tareas. Para esto se lleva a cabo una planificación temprana de lo que la tripulación va a intentar realizar a lo largo de toda la aproximación. Esta tarea requiere de extrema precisión y atención en cada paso planificado, para ello se ha creado lo que conocemos como "Approach Briefing" y se basa en dejar bien en claro todas las maniobras que vamos a realizar, marcando el rol de cada tripulante y habiendo analizado todos los aspectos de una aproximación normal y anormal. Los Briefings de aproximación suelen hacerse antes de iniciar el descenso y no dejan nada, absolutamente nada al azar.

Veamos un ejemplo típico de un formato de "Approach Briefing" de la aerolínea LATAM:

APPROACH BRIEFING

1. VERIFY

Authorizations & Condition	: Crew / Aircraft / Airport / Runway (Licenses, MEL, NOTAMS)
Sterile Cockpit	: Coordinate with Cabin Crew
Wx Condition	: Destination & Alternate
Fuel	: Remanent & Reserves
Max.LDG Weight	: 145.149 Kgs. (AUTOLAND)

2. APPROACH MINIMUMS

	DH	RVR	AH
CAT II	Check APP Chart for authorized RA	350m (RVR 12)	....
CAT IIIA Fail Passive	50	200m (RVR 7)	....
CAT IIIA Fail Operational	NR	200m (RVR 7)	200
CAT IIIB Fail Operational	NR	100m (RVR 3)	200

3. APPROACH PREPARATION

Terrain considerations	: MEA / MORA / MSA / MVA
Alternate Route	: FMC RTE 2
CDU Forecast Page	: Check
STAR & APP Charts	: Brief
Approach	: ILS CAT II /III /Fail Passive or Fail Operational
Radio Aids	: ILS / VOR / OM / MM Frequencies set & check
Standby ILS	: On
Minimums	: DA / DH / AH (Alert Height) and Missed Approach
Go Around coordination	: Brief
Landing	: Automatic or Manual
Vref & Landing Speeds	: Set
Autobrakes	: SET 3 or higher
Taxi route	: Airport LVP Review
Additional comments	

4. ABNORMAL SITUATIONS

System failures or ASA changes:
- Above 1000 ft HAT : Downgrade the Approach to CAT II/III FP/Manual.
- Below 1000 ft HAT : GO AROUND.
- Below AH : If NO AUTOLAND displayed = GO AROUND

5. REQUIRED RVR TRANSMISOMETERS

	TOUCHDOWN	MIDDLE	ROLLOUT
CAT II	350m - Controlling	Advisory (a)(**)	Advisory
CAT IIIA	200m - Controlling	200m - Controlling	Advisory (b)
CAT IIIB (*)	100m - Controlling	100m - Controlling	100m - Controlling

(a) En EZE, este transmisometro se considerará Controlling con un valor no inferior a 350m
(b) En EZE, este transmisometro se considerará Controlling con un valor no inferior a 100m

(*) If an RVR Transmisometer fails once the approach started, continue using remaining transmisometers.
(**) In SCEL the MIDDLE RVR is Controlling.

APPROACH BRIEFING

1. VERIFY	
Authorizations & Condition	: Crew / Aircraft / Airport / Runway (Licenses, MEL, NOTAMS)
Sterile Cockpit	: Coordinate with Cabin Crew
Wx Condition	: Destination & Alternate
Fuel	: Remanent & Reserves
Max.LDG Weight	: 145.149 Kgs. (AUTOLAND)

En el punto numero uno se analizan cinco ítems. En primera instancia que tanto la tripulación, el avión y el explotador estén habilitados para realizar un procedimiento de ILS CAT II. Luego que el aeropuerto y la pista estén en las condiciones mínimas requeridas para tal operación.

Seguido a esto, llegamos al punto llamado "Sterile Cockpit" o cabina estéril. Este concepto hace referencia a una coordinación previa con la tripulación de cabina o persona ajena a la cabina de mando, para informarle de las intenciones de realizar un procedimiento de extrema precisión e instruirlos a que por ningún motivo interrumpan a la tripulación de vuelo hasta tanto haya finalizado el procedimiento.

Un punto fundamental del análisis en este briefing, son las condiciones meteorológicas, tanto del destino como de la alternativa. En todos los casos, los mínimos meteorológicos deberán permanecer dentro de los parámetros permitidos para la operación CAT II.

En cuanto al análisis del combustible, se calcula el remanente y la reserva, teniendo en cuenta los posibles procedimientos extras que puedan surgir como ser "esperas", tanto en destino como en alternativa.

Por último, se calcula el peso con el cual se prevé aterrizar y que el mismo no supere al máximo permitido según el manual del operador. En caso de ser superior al máximo, se deberían tomar las medidas suficientes para asegurarse de aterrizar por debajo del mismo.

2. APPROACH MINIMUMS			
	DH	RVR	AH
CAT II	Check APP Chart for authorized RA	350m (RVR 12)	....
CAT IIIA Fail Passive	50	200m (RVR 7)	....
CAT IIIA Fail Operational	NR	200m (RVR 7)	200
CAT IIIB Fail Operational	NR	100m (RVR 3)	200

En el punto numero dos se analizan los mínimos meteorológicos requeridos para la aproximación prevista y en caso de estar por debajo de los requeridos, la aproximación se vería afectada y se tendría que considerar una alternativa para el aterrizaje.

Si bien las condiciones meteorológicas pueden cambiar en un segundo, y pasar de estar por debajo de los mínimos requeridos a estar por encima de los mínimos requeridos, se considera una mejor opción dirigirse a la alternativa ya que si el vuelo continua esperando que las condiciones meteorológicas mejoren y no lo hacen, habremos consumido demasiado combustible sin ningún sentido.

3. APPROACH PREPARATION

Terrain considerations	:	MEA / MORA / MSA / MVA
Alternate Route	:	FMC RTE 2
CDU Forecast Page	:	Check
STAR & APP Charts	:	Brief
Approach	:	ILS CAT II /III /Fail Passive or Fail Operational
Radio Aids	:	ILS / VOR / OM / MM Frequencies set & check
Standby ILS	:	On
Minimums	:	DA / DH / AH (Alert Height) and Missed Approach
Go Around coordination	:	Brief
Landing	:	Automatic or Manual
Vref & Landing Speeds	:	Set
Autobrakes	:	SET 3 or higher
Taxi route	:	Airport LVP Review
Additional comments		

Llegados al punto numero tres, el mas extenso del briefing, comenzamos analizando las consideraciones del terreno. En el punto siguiente llegamos al mas importante del briefing, aquí analizaremos las cartas de ingreso al terminal y las cartas de aproximación IFR. En los últimos dos puntos, se analizan todas las opciones de taxi luego del aterrizaje y las consideraciones adicionales que se crean de interés.

4. ABNORMAL SITUATIONS

System failures or ASA changes:
- Above 1000 ft HAT : Downgrade the Approach to CAT II/III FP/Manual.
- Below 1000 ft HAT : GO AROUND.
- Below AH : If NO AUTOLAND displayed = GO AROUND

El punto cuatro es el más importante para el análisis de una aproximación ILS. Basado en la falla de algún sistema durante la aproximación, este briefing se divide en tres secciones, siendo: situación anormal por encima de 1000 FT, situación anormal por debajo de 1000 FT y situación anormal por debajo de la altura de alerta o AH.

5. REQUIRED RVR TRANSMISOMETERS			
	TOUCHDOWN	MIDDLE	ROLLOUT
CAT II	350m - Controlling	Advisory (a)(**)	Advisory
CAT IIIA	200m - Controlling	200m - Controlling	Advisory (b)
CAT IIIB (*)	100m - Controlling	100m - Controlling	100m - Controlling

(a) En EZE, este transmisometro se considerará Controlling con un valor no inferior a 350m
(b) En EZE, este transmisometro se considerará Controlling con un valor no inferior a 100m
(*) If an RVR Transmisometer fails once the approach started, continue using remaining transmisometers.
(**) In SCEL the MIDDLE RVR is Controlling.

Por ultimo en este quinto punto se analizan los requerimientos de lectura RVR para la condición de categoría ILS a utilizar.

Habiendo aprendido la estructura de un briefing completo para una aproximación ILS CAT II-II, veamos el "paso a paso" desde el momento de iniciar el descenso hasta el momento del aterrizaje.

Nuestro aeropuerto de destino es el Aeropuerto Internacional de Rio de Janeiro (SBGL). En el informe meteorológico previo, obtenido desde nuestra oficina de operaciones, habíamos previsto que nuestro destino (SBGL) posiblemente estaría bajo mínimos para una aproximación de no precisión y también para una aproximación ILS CAT I, pero considerando que, tanto el aeropuerto como el avión y la tripulación, poseen la habilitación para operar un ILS CAT II-III, decidimos continuar con la planificación basándonos en una posible aproximación ILS CAT II.

Antes de iniciar el briefing, previo al descenso, necesitamos contar con algunas herramientas, como ser: la carta de aproximación, el ultimo reporte meteorológico y las certificaciones correspondientes.

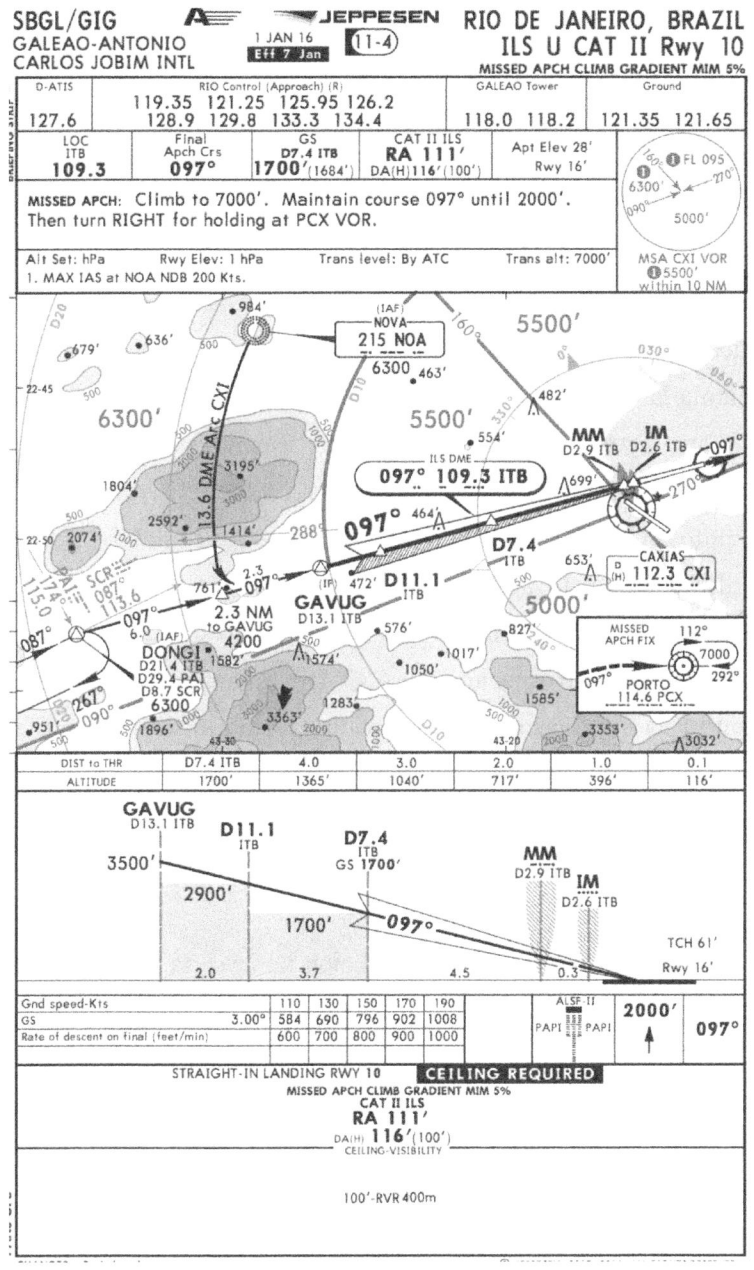

SBGL/GIG — RIO DE JANEIRO, BRAZIL
GALEAO-ANTONIO CARLOS JOBIM INTL — ILS U CAT II Rwy 10

JEPPESEN   1 JAN 16   Eff 7 Jan   (11-4)
MISSED APCH CLIMB GRADIENT MIM 5%

D-ATIS	RIO Control (Approach) (R)	GALEAO Tower	Ground
127.6	119.35 121.25 125.95 126.2 128.9 129.8 133.3 134.4	118.0 118.2	121.35 121.65

LOC ITB	Final Apch Crs	GS D7.4 ITB	CAT II ILS RA 111'	Apt Elev 28'
109.3	097°	1700' (1684')	DA(H) 116' (100')	Rwy 16'

● FL 095
6300' ← 270°
5000' 090°

MISSED APCH: Climb to 7000'. Maintain course 097° until 2000'. Then turn RIGHT for holding at PCX VOR.

Alt Set: hPa   Rwy Elev: 1 hPa   Trans level: By ATC   Trans alt: 7000'
1. MAX IAS at NOA NDB 200 Kts.

MSA CXI VOR
● 5500' within 10 NM

[Chart depiction with navaids: NOVA 215 NOA (IAF), GAVUG D13.1 ITB, DONGI (IAF), MM D2.9 ITB, IM D2.6 ITB, CAXIAS 112.3 CXI, PORTO 114.6 PCX, ILS DME 097° 109.3 ITB]

MISSED APCH FIX 7000' 292°

DIST to THR	D7.4 ITB	4.0	3.0	2.0	1.0	0.1
ALTITUDE	1700'	1365'	1040'	717'	396'	116'

Profile:
GAVUG D13.1 ITB 3500'
D11.1 ITB 2900'
D7.4 ITB GS 1700'
MM D2.9 ITB
IM D2.6 ITB
TCH 61' Rwy 16'
097°

Gnd speed-Kts		110	130	150	170	190
GS 3.00°		584	690	796	902	1008
Rate of descent on final (feet/min)		600	700	800	900	1000

ALSF-II PAPI ≡ PAPI   2000' ↑   097°

STRAIGHT-IN LANDING RWY 10 — CEILING REQUIRED
MISSED APCH CLIMB GRADIENT MIM 5%
CAT II ILS
RA 111'
DA(H) 116' (100')
CEILING-VISIBILITY
100'-RVR 400m

95

METAR: SBGL 172000Z 05015G25KT 3/8ST R10/400MTS –RA BKN008 OVC040 09/07 A2992 WS RWY10.

Por ultimo, confirmamos que las tres partes involucradas posean las certificaciones correspondientes para una aproximación ILS de categoría II. En el avión, la certificación se encuentra en el manual operativo o en el RTV (registro técnico de vuelo), donde indicará la categoría de ILS para la cual esta habilitada la aeronave. En cuanto a la tripulación, las respectivas certificaciones o habilitaciones deberán figurar en sus respectivas licencias, en la sección "habilitaciones" con la leyenda de la clase de certificación. Por ejemplo: COPILOTO A320 CAT III. Cabe aclarar que las certificaciones para aproximaciones ILS CAT II-III son específicas para un avión determinado. En este ejemplo solo se habilita al copiloto a realizar una aproximación ILS CAT III en un A320 únicamente. En cuanto a la certificación del aeropuerto junto con alguna restricción que degrade su categoría de ILS, aparecerá en los NOTAMS, los cuales deberán ser previamente leídos por la tripulación antes de iniciar el vuelo.

Veamos en detalle, cada sección de la carta de aproximación para SBGL y relacionemos sus restricciones con el ultimo METAR recibido:

SBGL/GIG		JEPPESEN	RIO DE JANEIRO, BRAZIL
GALEAO-ANTONIO CARLOS JOBIM INTL	1 JAN 16 Eff 7 Jan	(11-4)	ILS U CAT II Rwy 10
			MISSED APCH CLIMB GRADIENT MIM 5%

D-ATIS	RIO Control (Approach) (R)	GALEAO Tower	Ground
127.6	119.35 121.25 125.95 126.2 128.9 129.8 133.3 134.4	118.0 118.2	121.35 121.65

LOC ITB	Final Apch Crs	GS D7.4 ITB	CAT II ILS RA 111'	Apt Elev 28'	FL 095
109.3	097°	1700'(1684')	DA(H)116'(100')	Rwy 16'	6300' 5000'

MISSED APCH: Climb to 7000'. Maintain course 097° until 2000'. Then turn RIGHT for holding at PCX VOR.

Alt Set: hPa	Rwy Elev: 1 hPa	Trans level: By ATC	Trans alt: 7000'	MSA CXI VOR
1. MAX IAS at NOA NDB 200 Kts.				5500' within 10 NM

Comenzando de izquierda a derecha y desde arriba hacia abajo, primero encontramos la designación o código OACI para el aeropuerto (SBGL), donde verificamos que es la carta del lugar correcto. Siguiendo la lectura hacia la derecha, pasamos por la fecha de validez (01 JAN 16), el numero de carta (11-4), el nombre de la ciudad y país (Rio de Janeiro, Brasil) y justo debajo de esta información, encontramos la mas importante, el detalle de la carta y la pista a la que se aplica la misma (ILS U CAT II Rwy 10). En texto claro, dice que es un procedimiento ILS denominado U (uniform), es de categoría II y aplica a la pista 10.

En la segunda fila de datos, encontramos las frecuencias en un orden lógico de operación, es decir: primero escuchamos el ATIS, luego el primer contacto de radio es con el control de aproximación (RIO CONTROL) quien nos pasara con la torre de control (GALEAO TOWER) y quien a su vez, luego nos pasara con el control de superficie (GROUND) para las instrucciones del rodaje final hacia la plataforma. Este orden lógico de las frecuencias en las cartas de JEPPESEN son un factor común en todas las cartas del mundo.

SBGL/GIG JEPPESEN	RIO DE JANEIRO, BRAZIL
GALEAO-ANTONIO 1 JAN 16 (11-4)	ILS U CAT II Rwy 10
CARLOS JOBIM INTL Eff 7 Jan	MISSED APCH CLIMB GRADIENT MIM 5%

D-ATIS	RIO Control (Approach) (R)	GALEAO Tower	Ground
127.6	119.35 121.25 125.95 126.2 128.9 129.8 133.3 134.4	118.0 118.2	121.35 121.65

LOC ITB	Final Apch Crs	GS D7.4 ITB	CAT II ILS RA 111'	Apt Elev 28'	
109.3	097°	1700'(1684')	DA(H)116'(100')	Rwy 16'	FL 095 / 6300' / 5000'

MISSED APCH: Climb to 7000'. Maintain course 097° until 2000'. Then turn RIGHT for holding at PCX VOR.

Alt Set: hPa	Rwy Elev: 1 hPa	Trans level: By ATC	Trans alt: 7000'	MSA CXI VOR
1. MAX IAS at NOA NDB 200 Kts.				5500' within 10 NM

En la tercera fila de información, encontramos todos los datos relativos a la aproximación final hasta el aterrizaje. Comienza con la frecuencia del ILS y su nombre (ITB). Luego sigue con el curso de aproximación final (097), un punto de chequeo del GS donde indica que debemos estas a 1700 FT al pasar por la distancia de 7.4 del ILS. El dato siguiente es el mas importante de la carta y especifica que para ILS CAT II los mínimos son de RA 111 FT (radio altímetro 111 feet) o una DH de 100 FT. El ultimo punto de información detalla las elevaciones del aeropuerto (28ft) y de la pista (16ft).

Llegados a la cuarta fila, nos encontramos con toda la información relativa a una aproximación frustrada e indica lo siguiente: ascender hasta 7000 ft. Mantener el curso 097 hasta los 2000 ft y luego viraje por derecha para realizar una espera sobre el VOR de PCX.

En la quinta fila se detalla una restricción de velocidad: MAX IAS at NOA NDB 200 kt.

Por ultimo, a la derecha de las filas 3, 4 y 5, encontramos el gráfico de altitudes mínimas de sector sobre el VOR de CXI.

Siguiendo con el orden de lectura de una carta, veamos los detalles de la vista en planta:

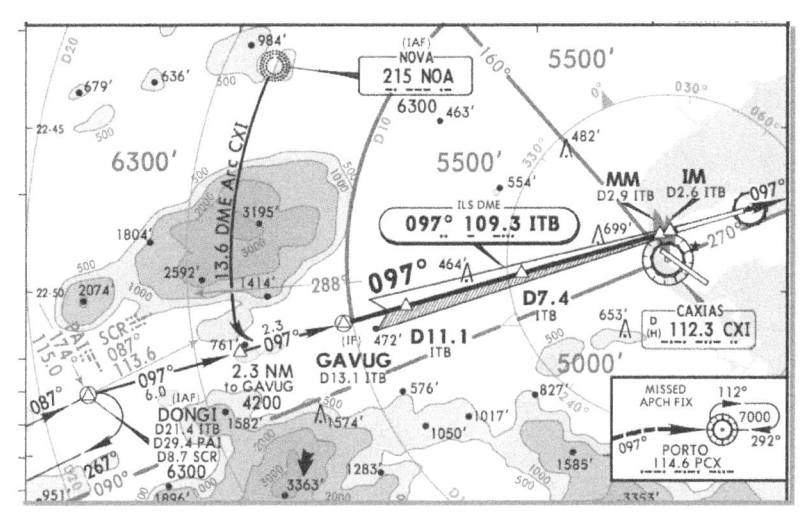

Como podemos ver en este gráfico, encontramos cuatro radioayudas, tres de ellas enmarcadas en un rectángulo y una por separado. La primera que debemos tener en cuenta es el ILS ITB, enmarcado en un rectángulo sombreado con la frecuencia y el curso final. Este sombreado, indica que es la radiobaliza principal de la carta. Justo arriba de esta, encontramos otra radio ayuda, un NDB de nombre NOVA con su respectiva frecuencia y con la leyenda IAF (Initial approach fix) en la parte superior de su nombre. Este es uno de los puntos donde se podría iniciar la carta de aproximación. Abajo y a la derecha de ITB encontramos al VOR del aeropuerto de nombre CAXIAS con su frecuencia y su designación CXI. Por último debajo del VOR CXI encontramos una radioayuda adicional que enmarcada en una caja aparte y ajena al dibujo principal. Esto indica que no es parte del procedimiento de aproximación, pero si es parte de la carta y hace referencia al procedimiento de aproximación frustrada, donde en sus instrucciones, guía a la aeronave hasta este punto.

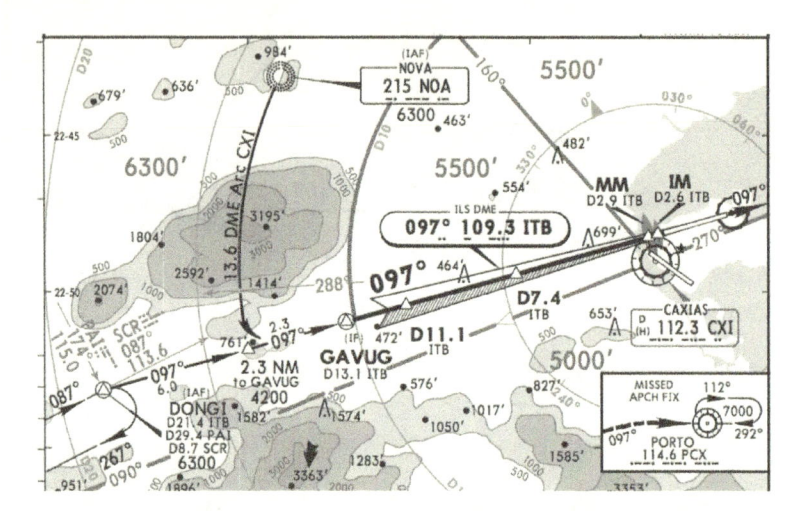

Luego existen varios "Waypoints" pero únicamente dos de ellos están identificados con un nombre: DONGI y GAVUG. El primero identificado como IAF y el segundo identificado como IF. La diferencia radica en que podremos comenzar el procedimiento, tanto en NOA (NDB en la parte superior del gráfico) como en DONGI (waypoint a la izquierda del gráfico), pero no podremos iniciar el procedimiento directamente desde GAVUG ya que este punto mencionado como IF (intermediate fix) se considera un punto intermedio para la aproximación final y no inicial.

Llegando al final del análisis de nuestra carta, nos encontramos con el perfil vertical de la misma.

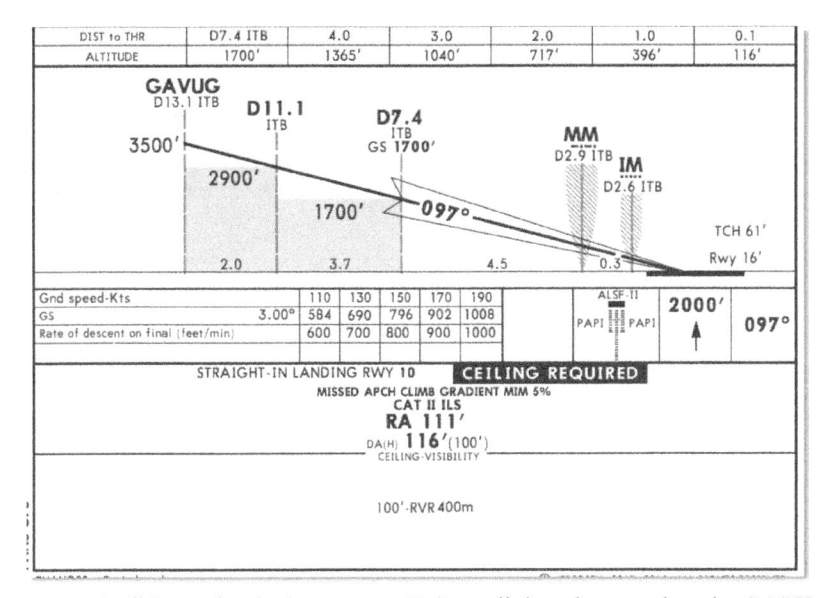

DIST to THR	D7.4 ITB	4.0	3.0	2.0	1.0	0.1
ALTITUDE	1700'	1365'	1040'	717'	396'	116'

Gnd speed-Kts		110	130	150	170	190
GS	3.00°	584	690	796	902	1008
Rate of descent on final (feet/min)		600	700	800	900	1000

STRAIGHT-IN LANDING RWY 10   CEILING REQUIRED
MISSED APCH CLIMB GRADIENT MIM 5%
CAT II ILS
RA 111'
DA(H) 116'(100')
CEILING-VISIBILITY

100'-RVR 400m

A diferencia de las cartas ILS tradicionales, en las de CATII podemos encontrar información adicional y de suma importancia. En la parte superior de este extracto de carta, vemos un cuadro de distancias y altitudes. El mismo brinda la altitud a la que deberíamos cruzar la distancia mencionada.

Luego llega el turno del IF (intermediate fix) o GAVUG en nuestro caso. Aquí se inicia el descenso final, comenzando en la posición GAVUG con 3500 FT y a 13.1 NM de ITB. Siguiendo el gráfico, muestra un descenso continuo, pasando por varias altitudes intermedias o "check Points" donde debemos respetar sus restricciones. Por ejemplo en la distancia 11.1 NM de ITB no deberíamos estas por debajo de 2900 FT.

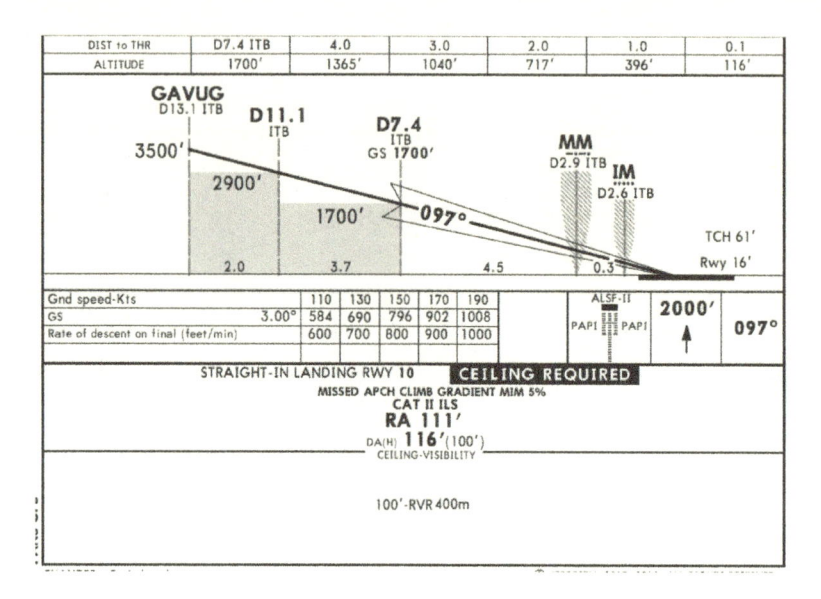

DIST to THR	D7.4 ITB	4.0	3.0	2.0	1.0	0.1
ALTITUDE	1700'	1365'	1040'	717'	396'	116'

Gnd speed-Kts		110	130	150	170	190
GS	3.00°	584	690	796	902	1008
Rate of descent on final (feet/min)		600	700	800	900	1000

STRAIGHT-IN LANDING RWY 10 — CEILING REQUIRED
MISSED APCH CLIMB GRADIENT MIM 5%
CAT II ILS
RA 111'
DA(H) 116'(100')
CEILING-VISIBILITY

100'-RVR 400m

El perfil de descenso continua casi hasta la pista, pasando por las radiobalizas MM a 2.9 NM de ITB y por IM a 2.6 NM de ITB. Todo este perfil es volado con el curso final 097 tal como se describe. Debajo del perfil vertical, encontramos un segundo cuadro, ya conocido en las cartas ILS tradicionales, donde se detalla el régimen de descenso adecuado dependiendo de la velocidad. A su derecha, encontramos un detalle del sistema de luces de aproximación y seguido a esto, los pasos iniciales para una aproximación frustrada: ascenso a 2000 ft sobre rumbo 097. Por ultimo, los dos datos mas importantes, los mínimos operativos, DH de 116 ft o RA 111 y la restricción de RVR mínimo para operar esta carta: RVR 400m.

Ahora bien, habiendo analizado por completo esta carta, y conociendo el ultimo METAR, podremos continuar con esta aproximación ILS CAT II? Veamos el desglose del METAR y relacionémoslo con nuestra carta:

METAR: SBGL 172000Z 05015G25KT 3/8ST R10/400MTS −RA BKN008 OVC040 09/07 A2992 WS RWY10.

Comienza con la sigla del aeropuerto (SBGL) siguiendo con la fecha y hora de confección del informe (DIA 17 a las 20:00 UTC). Continua con los datos del viento (dirección 050, intensidad 15 kt, ráfagas de 25 kt), descripción del cielo (tres octavos de stratus) y lo mas importante, la información de RVR (PISTA 10 RVR 400 METROS). Luego posee información adicional de fenómenos que reducen la visibilidad como −RA o lluvia débil. Capas nubosas, temperatura y punto de rocío, altímetro y otro dato de suma importancia: WS RWY 10! Este dato hace referencia a que existe la posibilidad de WINDSHEAR en la pista de la pista 10.

Los puntos mas importantes de este metar y los que nos habilitan a poder realizar la carta en cuestión son el RVR reportado (400M) coincidente con el RVR mínimo de la carta y la información del techo nuboso, según el informe OVC040, muy por encima de nuestra DA.

Volando un ILS CAT II

Habiendo finalizado el análisis de la carta, la verificación de los NOTAMS y la certificación de la tripulación, es hora de VOLAR!

Finalizado el briefing para la aproximación ILS CAT II, ya estamos en descenso y tenemos a la vista todas las cartas de SBGL necesarias para llevar a cabo una exitosa operación.

Ahora bien, además de la carta ILS CAT II previamente analizada, ¿cuales otras podrían entrar en juego en este caso en particular? Considerando al aeropuerto internacional de Rio de Janeiro como uno de los mas complejos de Brasil, tendríamos disponible la siguiente cartografía, la cual debería ser estudiada como información complementaria en el briefing. Veamos:

1) OVERVIEW SBGL o resumen del aeropuerto SBGL.

2) OVERVIEW STAR o resumen de las cartas de arribos.

3) OVERVIEW RWY o resumen de la pista a utilizar.

4) STAR o estándar arrivals (carta de ingreso al terminal).

5) APPROACH o carta de aproximación ILS CAT II.

6) LANDING ROUTE o carta de ruta de aterrizaje.

7) PARKING SPOTS o carta de posiciones de estacionamiento.

8) VISUAL o carta de circuito visual para todas las pistas.

Veamos una por una:

1) OVERVIEW SBGL o resumen del aeropuerto SBGL.

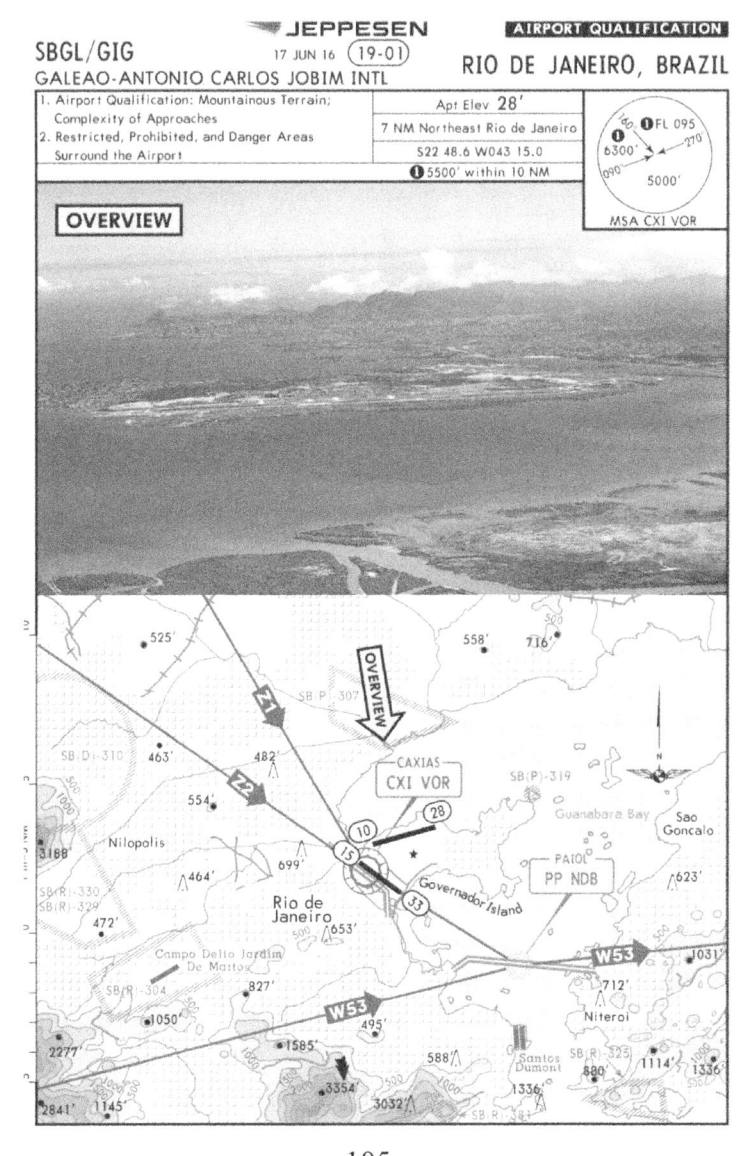

2) OVERVIEW STAR o resumen de las cartas de arribos.

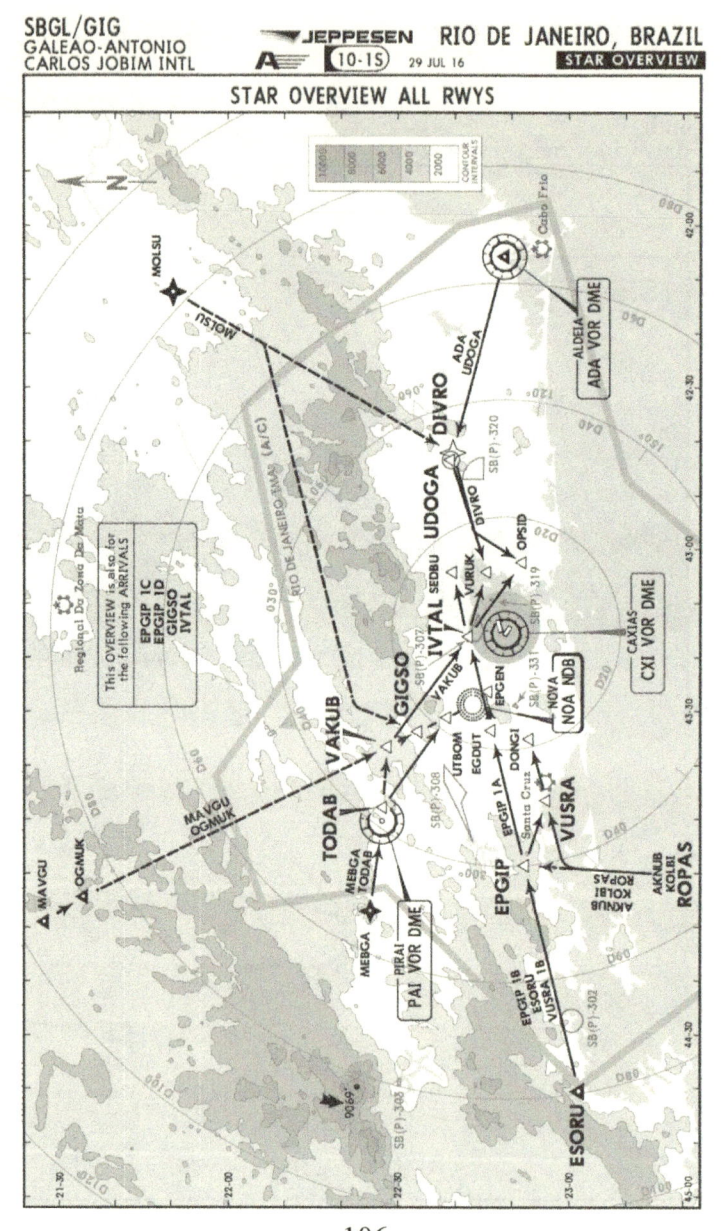

3) OVERVIEW RWY o resumen de la pista a utilizar.

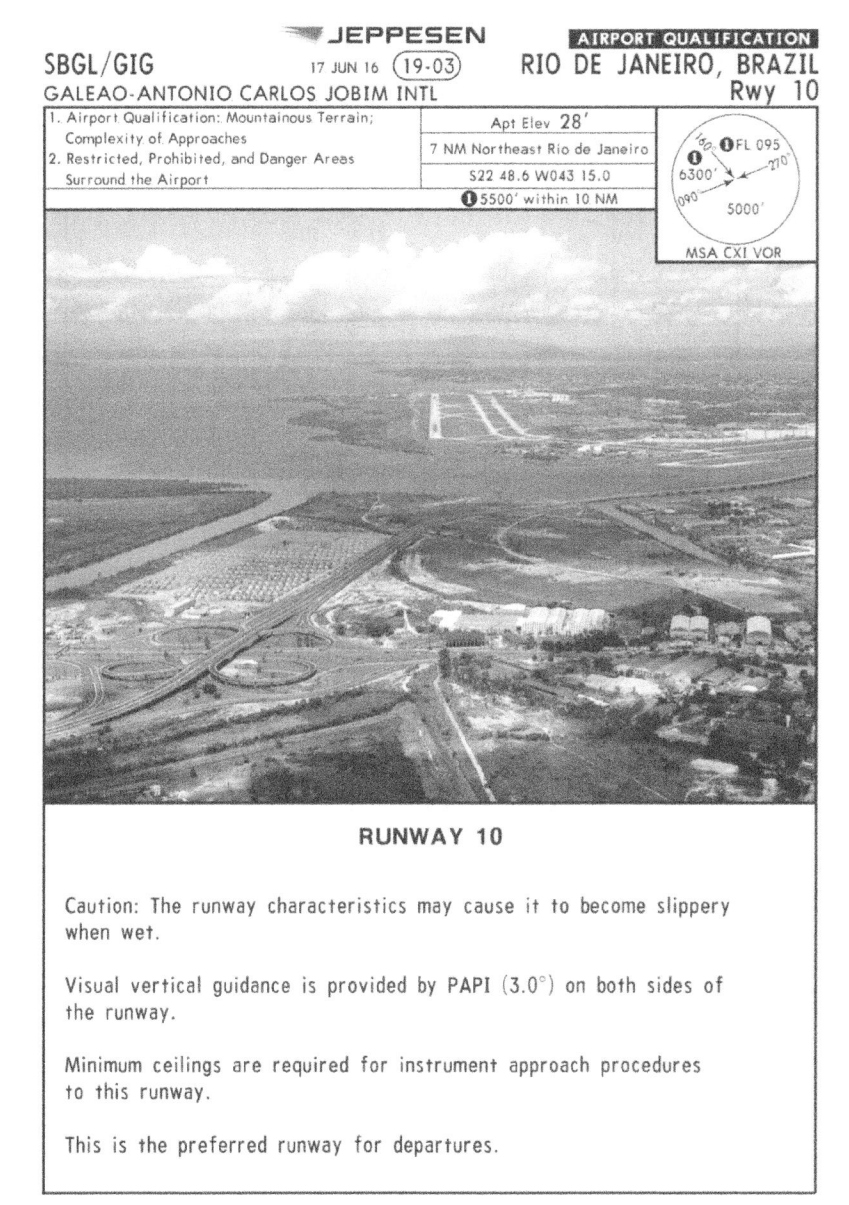

JEPPESEN — **AIRPORT QUALIFICATION**

SBGL/GIG   17 JUN 16 (19-03)   RIO DE JANEIRO, BRAZIL
GALEAO-ANTONIO CARLOS JOBIM INTL   Rwy 10

1. Airport Qualification: Mountainous Terrain; Complexity of Approaches 2. Restricted, Prohibited, and Danger Areas Surround the Airport	Apt Elev 28'
	7 NM Northeast Rio de Janeiro
	S22 48.6 W043 15.0
	❶ 5500' within 10 NM

❶ FL 095
6300'
5000'
MSA CXI VOR

RUNWAY 10

Caution: The runway characteristics may cause it to become slippery when wet.

Visual vertical guidance is provided by PAPI (3.0°) on both sides of the runway.

Minimum ceilings are required for instrument approach procedures to this runway.

This is the preferred runway for departures.

4) STAR o estándar arrivals (cartas de ingresos al terminal).

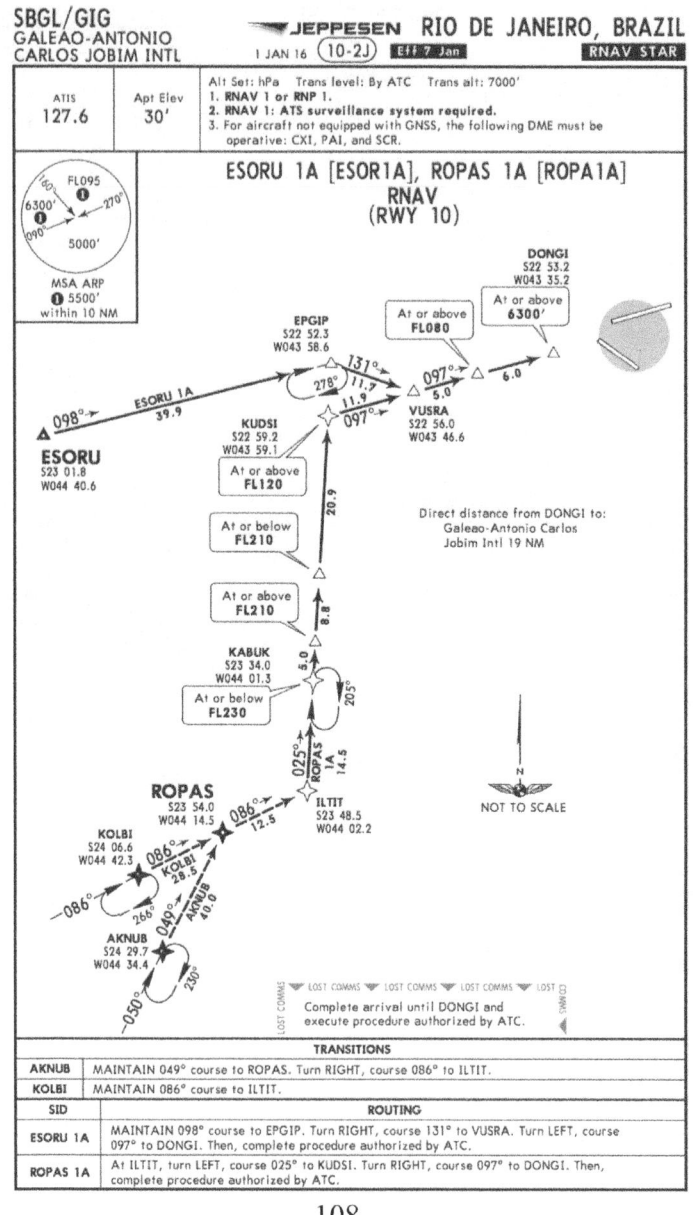

5) APPROACH o carta de aproximación ILS CAT II.

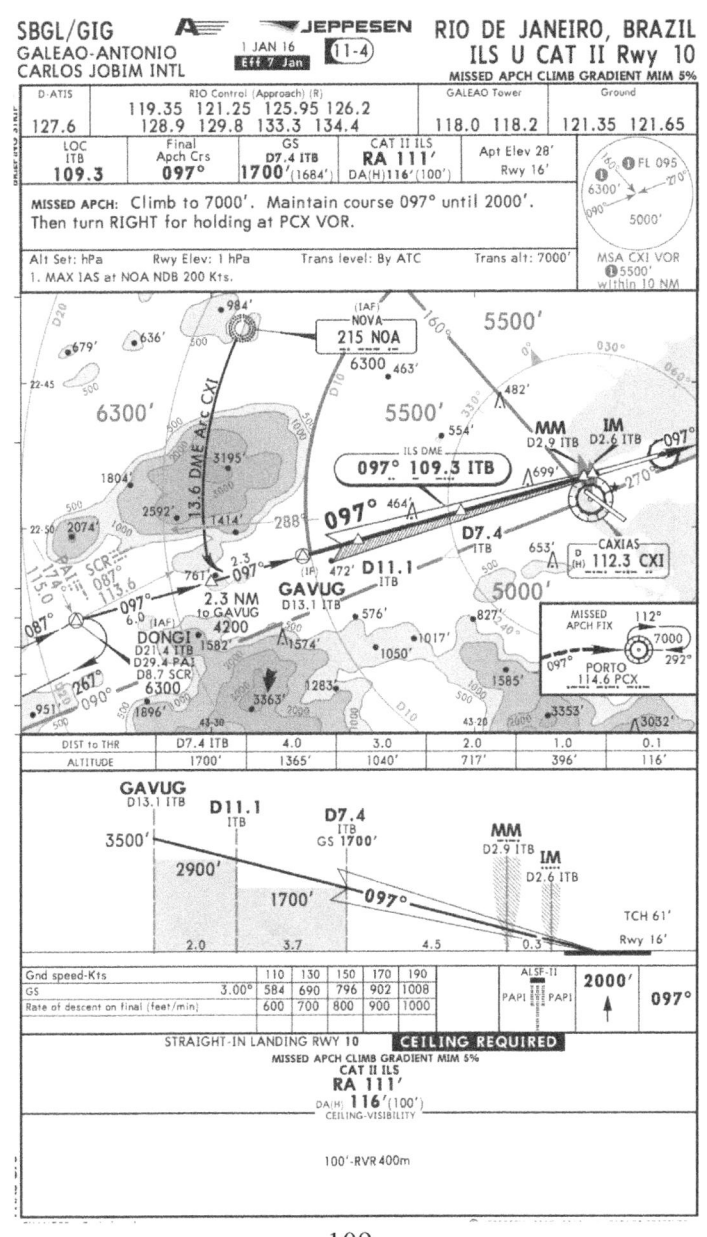

6) LANDING ROUTE o carta de ruta de aterrizaje.

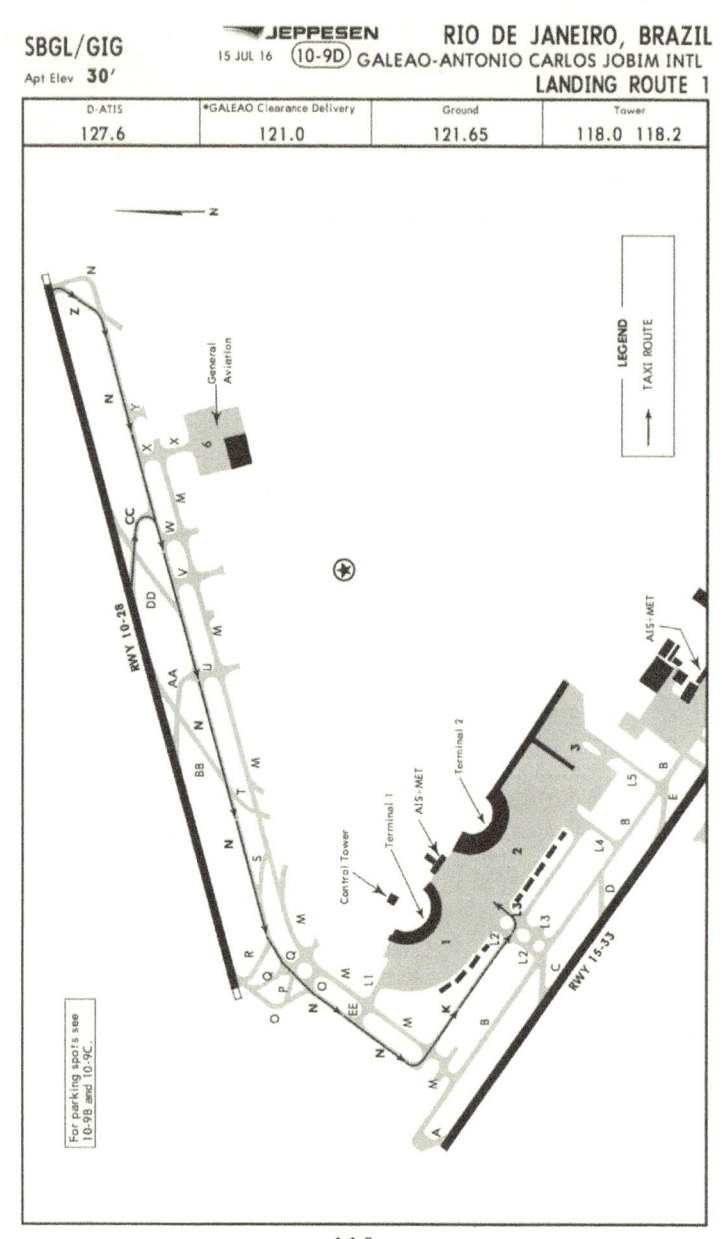

7) PARKING SPOTS o carta de posiciones de estacionamiento.

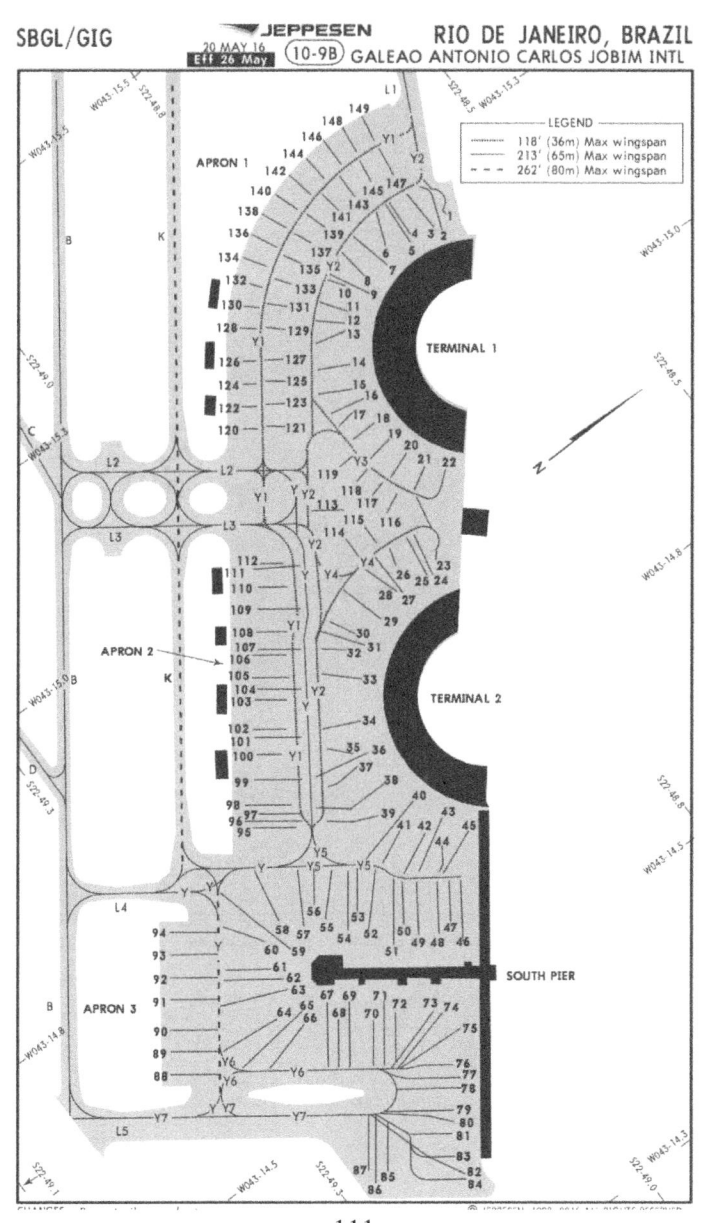

8) VISUAL o carta de circuito visual para todas las pistas.

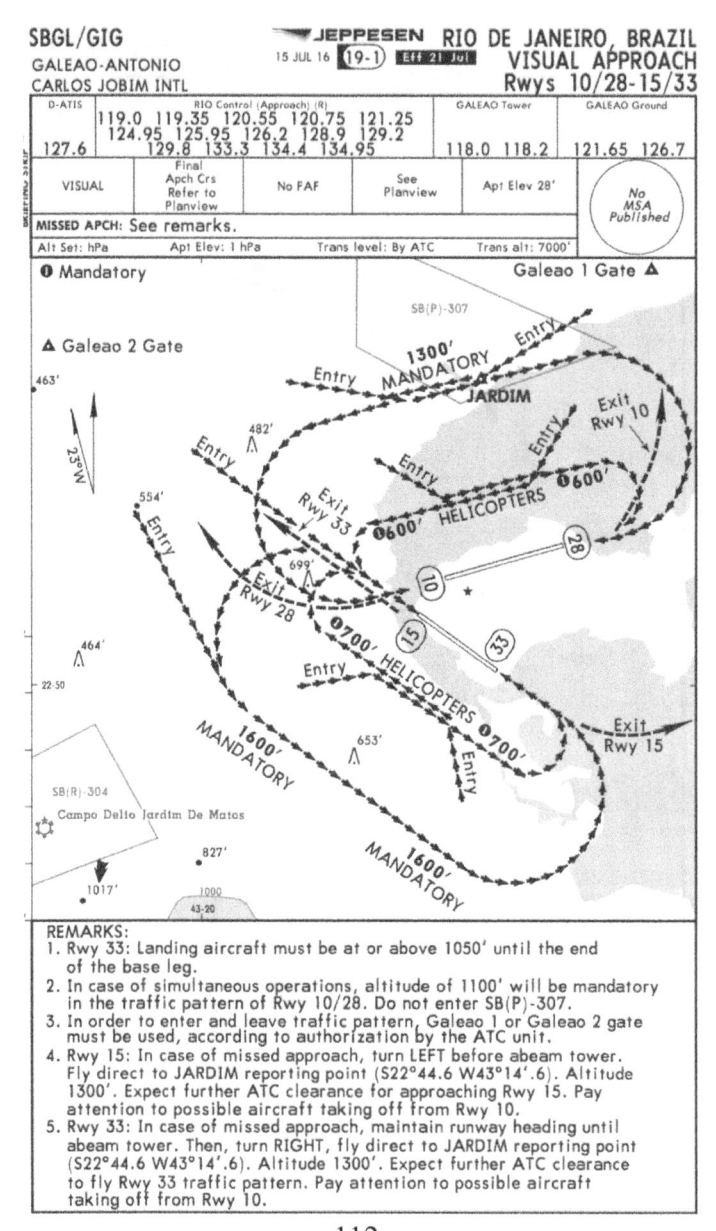

SBGL/GIG — JEPPESEN — RIO DE JANEIRO, BRAZIL
GALEAO-ANTONIO 15 JUL 16 (19-1) Eff 21 Jul **VISUAL APPROACH**
CARLOS JOBIM INTL **Rwys 10/28-15/33**

D-ATIS	RIO Control (Approach) (R)	GALEAO Tower	GALEAO Ground
127.6	119.0 119.35 120.55 120.75 121.25 124.95 125.95 126.2 128.9 129.2 129.8 133.3 134.4 134.95	118.0 118.2	121.65 126.7

VISUAL	Final Apch Crs Refer to Planview	No FAF	See Planview	Apt Elev 28'	No MSA Published

MISSED APCH: See remarks.

Alt Set: hPa	Apt Elev: 1 hPa	Trans level: By ATC	Trans alt: 7000'

❶ Mandatory   Galeao 1 Gate ▲

▲ Galeao 2 Gate

463'
SB(P)-307
1300' MANDATORY
Entry
JARDIM
Exit Rwy 10
482'
23°W
Entry
554'
Exit Rwy 33
❶600' HELICOPTERS
(28)
Exit Rwy 28
699'
(10)
❶600'
464'
❶700' HELICOPTERS
(15)
(33)
22-50
Entry
Exit Rwy 15
1600' MANDATORY
653'
❶700'
Entry
SB(R)-304
Campo Delio Jardim De Matos
1600' MANDATORY
827'
1017'
1000
43-20

REMARKS:
1. Rwy 33: Landing aircraft must be at or above 1050' until the end of the base leg.
2. In case of simultaneous operations, altitude of 1100' will be mandatory in the traffic pattern of Rwy 10/28. Do not enter SB(P)-307.
3. In order to enter and leave traffic pattern, Galeao 1 or Galeao 2 gate must be used, according to authorization by the ATC unit.
4. Rwy 15: In case of missed approach, turn LEFT before abeam tower. Fly direct to JARDIM reporting point (S22°44.6 W43°14'.6). Altitude 1300'. Expect further ATC clearance for approaching Rwy 15. Pay attention to possible aircraft taking off from Rwy 10.
5. Rwy 33: In case of missed approach, maintain runway heading until abeam tower. Then, turn RIGHT, fly direct to JARDIM reporting point (S22°44.6 W43°14'.6). Altitude 1300'. Expect further ATC clearance to fly Rwy 33 traffic pattern. Pay attention to possible aircraft taking off from Rwy 10.

Habiendo analizado las cartas de los ítems 1, 2 y 3, nuestra aerovía finaliza en el punto de ingreso KOLBI y desde allí comenzamos a volar sobre la STAR de nombre ROPAS 1A, la cual inicia en KOLBI, proyecta un trayecto de vuelo en descensos escalonados y nos deja justo en el punto DONGI, o sea en el IAF de la carta 11-4 ILS U CAT II RWY 10. En este punto cambiamos de carta y continuamos con la aproximación ILS CAT II según lo previsto.

Ahora volemos cada uno de los puntos marcados!

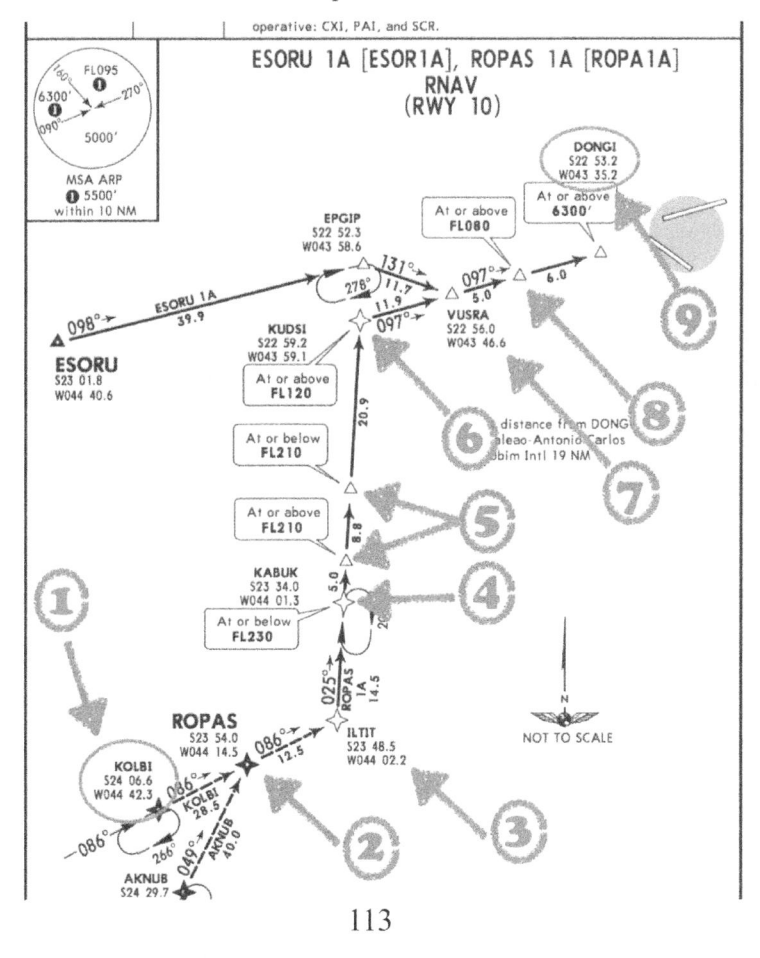

1) Iniciamos desde el punto KOLBI. FL 260. HDG 086. En descenso para FL 230 a 1000 FT/MIN y en dirección hacia ROPAS.

2) Pasando por ROPAS, FL 245 en descenso para FL 230. HDG 086 hacia ILTIT. Manteniendo 1000 FT/MIN.

3) Pasando por ILTIT FL 240, en descenso para FL 230. Virando por izquierda a rumbo 025 proa a KABUK según lo indicado en la carta.

4) Llegados a KABUK encontramos la primera restricción donde dice que debemos estar a FL 230 o inferior

5) En este punto existen dos waypoint sin nombres, pero con sus respectivas restricciones. En el primero, posterior a KABUK, se

presenta una restricción de sobrevolar este sector a FL 210 o superior. En el siguiente waypoint, posterior al anterior, se presenta una restricción de sobrevolar este sector a FL 210 o inferior.

6) Llegados al punto KUDSI existe otra restricción de FL120 o superior. Virando por derecha a rumbo 097 hacia el próximo punto de nombre VUSRA en descenso hacia la próxima restricción de FL 080.

7) Pasando por VUSRA en descenso continuo hasta FL080. HDG 097 hacia DONGI.

8) Previo a llegar a DONGI, nos encontramos con otra restricción que indica mantener FL 080 o superior hasta pasados este punto.

9) En este ultimo tramo de la STAR llegamos al punto DONGI con una restricción de 6300 FT. En este punto finaliza la STAR y es el comienzo de la carta de aproximación ILS CAT II, llamado IAF (Initial approach fix).

Posición DONGI (IAF Initial Approach Fix)

La posición DONGI es el punto de inicio de la carta de aproximación ILS. Este punto posee referencias que lo ubican en un determinado punto en el espacio. En el margen superior izquierdo vemos la indicación PAI 174 115.0 y hace referencia que DONGI esta en el radial 174 del VOR PAI con frecuencia 115.0. A la derecha otra leyenda que indica SCR 087 113.6. Debajo del nombre DONGI encontramos varias distancias, entre ellas D29.4 PAI indicando la distancia al VOR PAI, D8.7 SCR indicando la distancia al VOR SCR y D21.4 ITB indicando la distancia al localizador ITB. Debajo de las distancias vemos la restricción de altitud de 6300 FT para la posición DONGI.

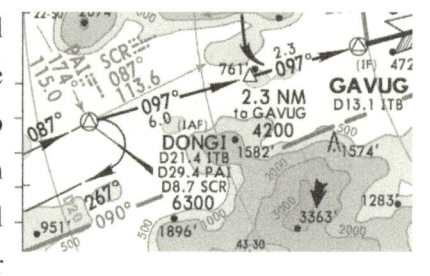

El paso siguiente será iniciar la aproximación desde DONGI hasta el FAF (final approach fix) de nombre GAVUG, el cual se encuentra con curso 097 a D13.1 ITB y a una altitud de 3500 FT. Como punto intermedio en la aproximación existe un punto en común donde se une el ARCO DME para aproximaciones provenientes del norte y el curso desde DONGI. Este punto no posee nombre, pero se lo identifica a 2.3 NM de GAVUG y con una altitud de 4200 FT, es decir, a las 2.3NM del FAF, la senda de aproximación en descenso deberá tener 4200 FT para luego continuar a DONGI y alcanzar los 3500 FT.

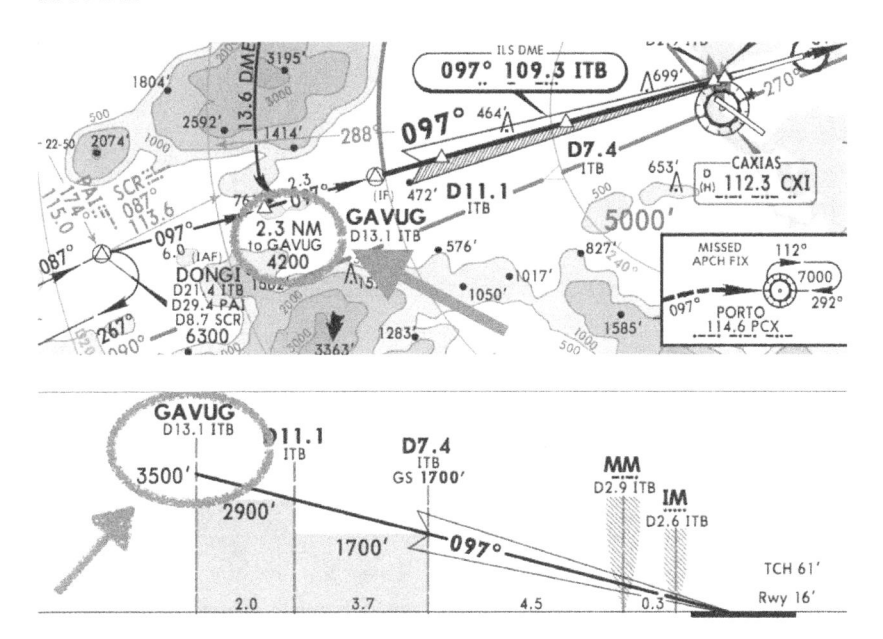

Desde DONGI, continuamos con curso 097 hasta GAVUG en descenso desde 6300 FT hasta 3500 FT, pasando por los 4200 FT a las 2.3NM de GAVUG.

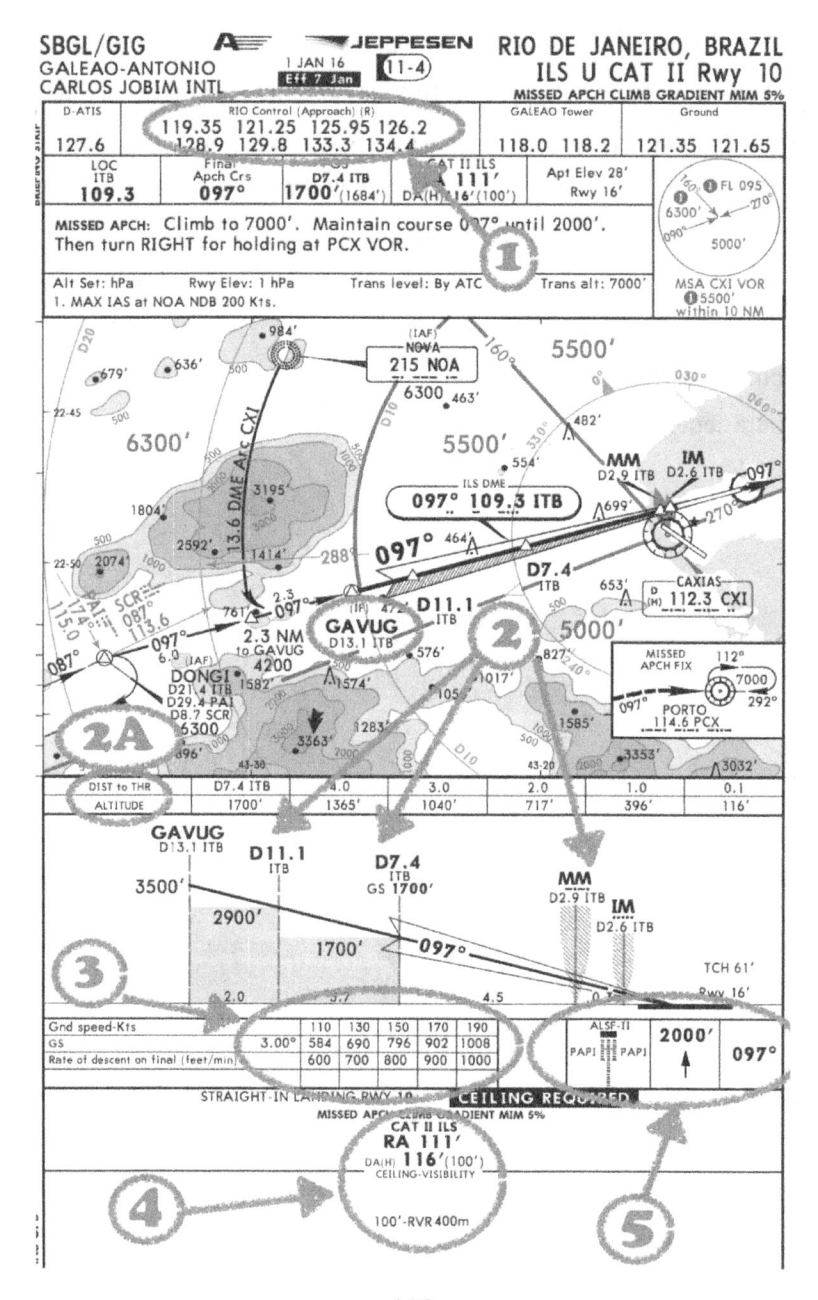

SBGL/GIG — RIO DE JANEIRO, BRAZIL
GALEAO-ANTONIO CARLOS JOBIM INTL
ILS U CAT II Rwy 10

JEPPESEN 1 JAN 16 Eff 7 Jan (11-4)

MISSED APCH CLIMB GRADIENT MIM 5%

D-ATIS	RIO Control (Approach) (R)	GALEAO Tower	Ground
127.6	119.35 121.25 125.95 126.2 128.9 129.8 133.3 134.4	118.0 118.2	121.35 121.65

LOC ITB	Final Apch Crs	GS	CAT II ILS	Apt Elev 28'
109.3	097°	1700' (1684')	111' DA(H) 16' (100')	Rwy 16

MSA CXI VOR ① 5500' within 10 NM
FL 095 6300' 5000' 090° 270°

MISSED APCH: Climb to 7000'. Maintain course 097° until 2000'. Then turn RIGHT for holding at PCX VOR.

Alt Set: hPa   Rwy Elev: 1 hPa   Trans level: By ATC   Trans alt: 7000'
1. MAX IAS at NOA NDB 200 Kts.

(IAF) NOVA 215 NOA 6300' 463'
5500'
ILS DME 097° 109.3 ITB
MM D2.9 ITB   IM D2.6 ITB
D7.4 ITB   CAXIAS (H) 112.3 CXI
GAVUG D13.1 ITB D11.1 ITB
DONGI D21.4 ITB D29.4 PAI D8.7 SCR 6300' 4200
MISSED APCH FIX 112° 7000' 097° PORTO 114.6 PCX 292°

DIST to THR	D7.4 ITB	4.0	3.0	2.0	1.0	0.1
ALTITUDE	1700'	1365'	1040'	717'	396'	116'

GAVUG D13.1 ITB 3500'
D11.1 ITB 2900'
D7.4 ITB GS 1700'
1700' 097°
MM D2.9 ITB IM D2.6 ITB
TCH 61' Rwy 16'

Gnd speed-Kts		110	130	150	170	190
GS	3.00°	584	690	796	902	1008
Rate of descent on final (feet/min)		600	700	800	900	1000

ALSF-II PAPI PAPI   2000' ↑ 097°

STRAIGHT-IN LANDING RWY 10   CEILING REQUIRED
MISSED APCH CLIMB GRADIENT MIM 5%
CAT II ILS
RA 111'
DA(H) 116' (100')
CEILING-VISIBILITY
100'-RVR 400m

118

Una vez posicionados en GAVUG comenzamos con la aproximación final hasta el aterrizaje. Volemos!

1) En la posición GAVUG establecemos comunicación con RIO APPROACH en frecuencia 119.35 y recibimos la autorización para continuar a aproximación hasta los mínimos, ya que la autorización para aterrizar será otorgad por RIO TOWER en la siguiente comunicación.

SBGL/GIG GALEAO-ANTONIO CARLOS JOBIM INTL	JEPPESEN 1 JAN 16 Eff 7 Jan (11-4)	RIO DE JANEIRO, BRAZIL ILS U CAT II Rwy 10 MISSED APCH CLIMB GRADIENT MIM 5%
D-ATIS 127.6	RIO Control (Approach) (R) 119.35 121.25 125.95 126.2 128.9 129.8 133.3 134.4	GALEAO Tower 118.0 118.2	Ground 121.35 121.65
LOC ITB 109.3	Final Apch Crs 097°	D7.4 ITB 1700'(1684')	CAT II ILS 111' DA(H) 16'(100')	Apt Elev 28' Rwy 16'	FL 095 6300' 5000'
MISSED APCH: Climb to 7000'. Maintain course 097° until 2000'. Then turn RIGHT for holding at PCX VOR.
Alt Set: hPa Rwy Elev: 1 hPa Trans level: By ATC Trans alt: 7000' 1. MAX IAS at NOA NDB 200 Kts.	MSA CXI VOR 5500' within 10 NM

2) Comenzamos el descenso continuo desde 3500 FT hasta la DA de 116FT. Durante este tramo des descenso final pasamos por varios puntos intermedios: D11.1 ITB con 2900 FT, D7.4 ITB con GS1700FT (interceptando el GLIDE SLOPE y continuando con la referencia de descenso del mismo), D2.9 ITB MM (baliza media), D2.6 ITB IM (baliza interna), hasta continuar ala DA de 116FT donde deberemos tener contacto con las luces de aproximación de pista o ALSF-II como se muestra en el punto 5.

2A) Como una referencia adicional, en esta carta en particular encontramos de altitudes mínimas según la distancia hasta el umbral de pista. Indica la altitud deseada desde D7.4 ITB hasta D0.1 o DA.

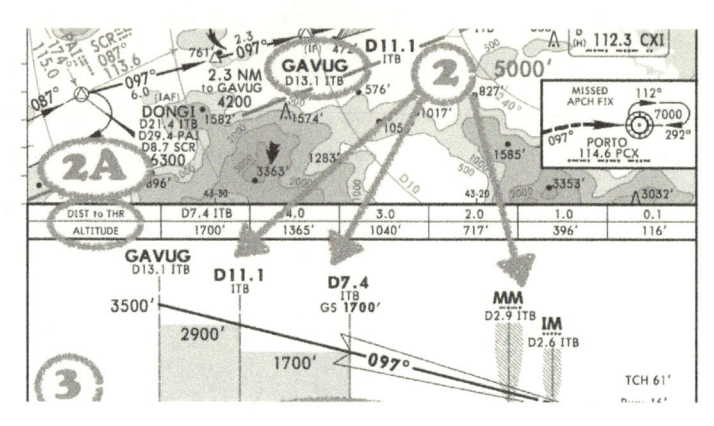

3) El cuadro de referencia del punto tres, ofrece una guía de la pendiente de descenso optima o FPM (feet per minute) basada en la velocidad actual del avión. Por ejemplo: para una VAPP de 130 KT, la pendiente optima de descenso será de 700 FT/MIN, considerando que este ILS posee una pendiente de 3 grados.

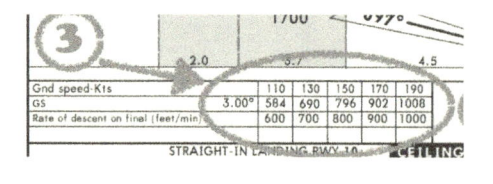

4) Continuamos aproximando en descenso sobre la marcación del GS y manteniendo el eje de la pista con el LOC. Pasamos la marcación intermedia de D7.4 ITB. Continuamos el descenso vía MM, IM y llegamos a la DA de 116 FT o

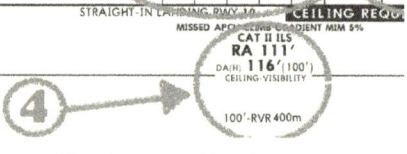

111 FT de indicación de radio altímetro o RA 111'. Este es el punto donde es mandatorio tomar una decisión, CONTINUAR o NO CONTINUAR con la aproximación y aterrizaje. Considerando dos escenarios posibles, en el mas optimista, hacemos contacto visual con el ALSF-II y vemos la pista, pero con reducida visibilidad. Continuamos con el aterrizaje!

El segundo escenario, no tan optimista como el anterior, llegamos a la DA pero sin ninguna referencia visual del ALSF-II ni de la pista o el terreno. Para este caso debemos continuar con el punto siguiente.

5) Al decidir realizar una aproximación frustrada, tenemos una clara descripción de cómo realizarla en la parte superior de la carta, o bien, justo debajo del perfil vertical de descenso e indica el sistema de luces disponibles, el ascenso requerido y el rumbo a seguir: rumbo 097 hasta 2000 FT y luego continuar con las instrucciones del control.

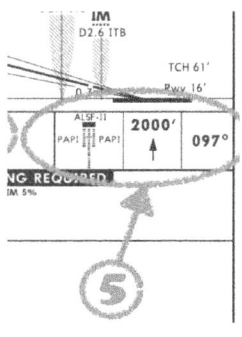

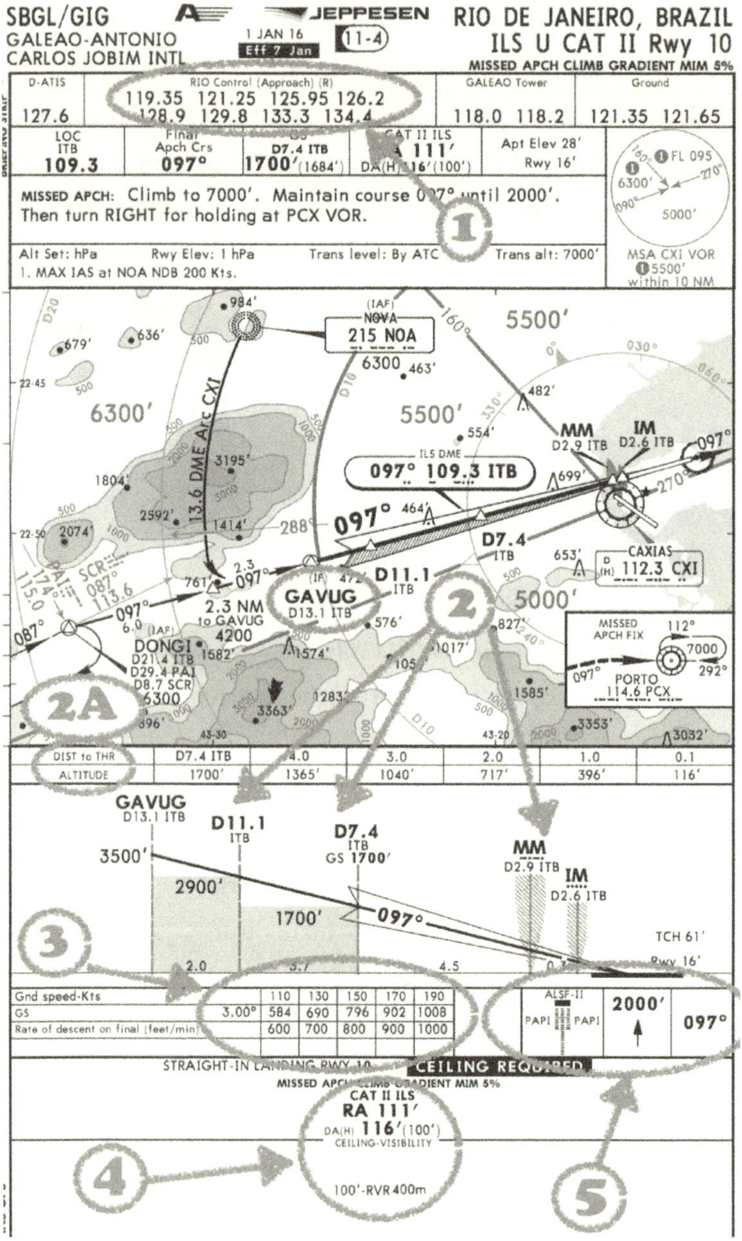
SBGL/GIG
GALEAO-ANTONIO CARLOS JOBIM INTL
JEPPESEN
1 JAN 16
Eff 7 Jan
11-4
RIO DE JANEIRO, BRAZIL
ILS U CAT II Rwy 10
MISSED APCH CLIMB GRADIENT MIM 5%
D-ATIS 127.6
RIO Control (Approach) (R)
119.35 121.25 125.95 126.2
128.9 129.8 133.3 134.4
GALEAO Tower 118.0 118.2
Ground 121.35 121.65
LOC ITB 109.3
Final Apch Crs 097°
D7.4 ITB 1700′(1684′)
CAT II ILS
DA(H) 116′(100′)
Apt Elev 28′
Rwy 16′
MISSED APCH: Climb to 7000′. Maintain course 097° until 2000′. Then turn RIGHT for holding at PCX VOR.
Alt Set: hPa
Rwy Elev: 1 hPa
Trans level: By ATC
Trans alt: 7000′
1. MAX IAS at NOA NDB 200 Kts.
MSA CXI VOR
FL 095
6300′
5000′
5500′ within 10 NM
(IAF) NOVA 215 NOA
5500′
6300′
5000′
13.6 DME Arc CXI
ILS DME 097° 109.3 ITB
MM D2.9 ITB
IM D2.6 ITB
D7.4 ITB
D11.1 ITB
(IF) GAVUG D13.1 ITB
2.3 NM to GAVUG
4200
(IAF) DONGI D21.4 ITB D29.4 PAI D8.7 SCR
CAXIAS 112.3 CXI
MISSED APCH FIX
PORTO 114.6 PCX
7000
DIST to THR
ALTITUDE
D7.4 ITB 1700′
4.0 1365′
3.0 1040′
2.0 717′
1.0 396′
0.1 116′
GAVUG D13.1 ITB
D11.1 ITB
D7.4 ITB GS 1700′
3500′
2900′
1700′
097°
TCH 61′
Rwy 16′
2.0
3.7
4.5
Gnd speed-Kts 110 130 150 170 190
GS 3.00° 584 690 796 902 1008
Rate of descent on final (feet/min) 600 700 800 900 1000
ALSF-II
PAPI
2000′
097°
STRAIGHT-IN LANDING RWY 10
CEILING REQUIRED
CAT II ILS
RA 111′
DA(H) 116′(100′)
CEILING-VISIBILITY
100′-RVR 400m
1
2
2A
3
4
5

CAPÍTULO 4

ILS CAT III

Operaciones ILS categoría III
"AWO CAT 3"

Habiendo aprendido los conceptos básicos de las operaciones ILS CAT I-II, es momento de pasar a la siguiente etapa de las operaciones "AWO".

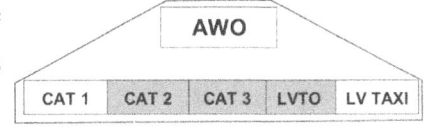

Como mencionamos en el capitulo anterior, la principal diferencia entre cada categoría de un ILS son las restricciones meteorológicas como se ven en este cuadro:

Categorías de ILS (Sistema de Aterrizaje por Instrumentos)			
Categoría	Altura de Decisión	Rango Visual de la Pista (RVR)	Visibilidad Mínima
CAT I	200 pies (61 m)	1800 pies (550 m)	1600 pies (800 m)
CAT II	100 pies (30 m)	1200 pies (370 m)	-
CAT IIIa	No hay	700 pies (210 m)	-
CAT IIIb	No hay	150 pies (46 m)	-
CAT IIIc	No hay	No es necesario	-

A diferencia de un ILS CAT II, los procedimientos CAT III se dividen en tres sub categorías:

- ✓ ILS CAT III A
- ✓ ILS CAT III B
- ✓ ILS CAT III C

Si bien las tres categorías no poseen DA, su diferencia radica en el RVR requerido. Veamos:

Categoría	Altura de Decisión	Rango Visual de la Pista (RVR)	Visibilidad Mínima
CAT IIIa	No hay	700 pies (210 m)	-
CAT IIIb	No hay	150 pies (46 m)	-
CAT IIIc	No hay	No es necesario	-

En una aproximación ILS CAT III A o B, se cuenta con una visibilidad extremadamente reducida sobre la pista, pero con la posibilidad de tener a la vista algunas de las ayudas visuales para guiar al avión por el centro de la pista. Basados en una aproximación estándar de un ILS CAT IIIA, el primer contacto visual suele ser con alguna de las luces de pista o algunos de los "Flashes" de las luces de aproximación.

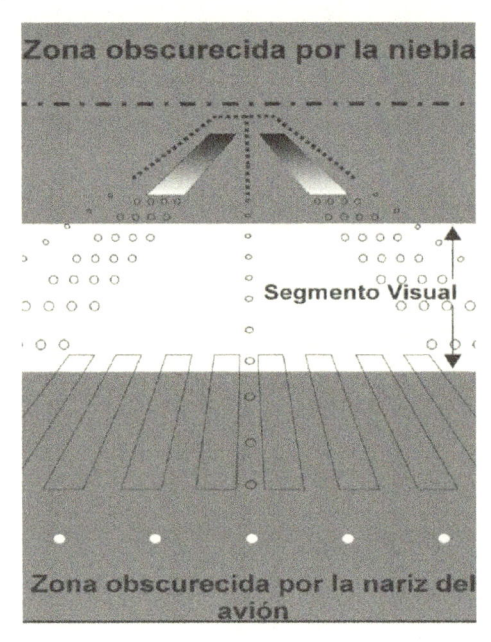

Veamos una imagen de un ejemplo real para intentar sentir una aproximación ILS CAT III. En la siguiente imagen lo único que se logra ver con claridad son las luces de pista, ya que la intensa niebla y el RVR reducido, o casi nulo, no permiten observar nada mas.

Comparemos el RVR y la visibilidad en general entre un ILS CAT III y el ILS CAT II, visto en el capitulo anterior. Con una notable diferencia de visibilidad del entorno, el ILS CAT II, permite hacer contacto visual con el terreno mucho antes de llegar a la pista.

Preparación del descenso para ILS CAT III

Similar a la preparación para un descenso en un ILS CAT II, aquí en categoría III, se hace especial énfasis en los puntos 2 y 3 del formato de un "Approach Briefing", el cual vimos en el capitulo anterior.

A modo de ejemplo, imaginemos que al sintonizar la frecuencia del ATIS, recibimos la siguiente información:

KSFO 0800Z 050/03 700 FG –RA RVR6 OVC003 08/08

Bajo las condiciones meteorológicas recibidas por el ATIS, el aeropuerto de San Francisco se encuentra con operaciones ILS CATIII

2. APPROACH MINIMUMS

	DH	RVR	AH
CAT II	Check APP Chart for authorized RA	350m (RVR 12)	....
CAT IIIA Fail Passive	50	200m (RVR 7)	....
CAT IIIA Fail Operational	NR	200m (RVR 7)	200
CAT IIIB Fail Operational	NR	100m (RVR 3)	200

3. APPROACH PREPARATION

Terrain considerations	: MEA / MORA / MSA / MVA
Alternate Route	: FMC RTE 2
CDU Forecast Page	: Check
STAR & APP Charts	: Brief
Approach	: ILS CAT II /III /Fail Passive or Fail Operational
Radio Aids	: ILS / VOR / OM / MM Frequencies set & check
Standby ILS	: On
Minimums	: DA / DH / AH (Alert Height) and Missed Approach
Go Around coordination	: Brief
Landing	: Automatic or Manual
Vref & Landing Speeds	: Set
Autobrakes	: SET 3 or higher
Taxi route	: Airport LVP Review
Additional comments	

Considerando las condiciones meteorológicas del aeropuerto de KSFO, analizamos todas sus cartas de aproximación y encontramos la siguiente carta para un ILS CAT III:

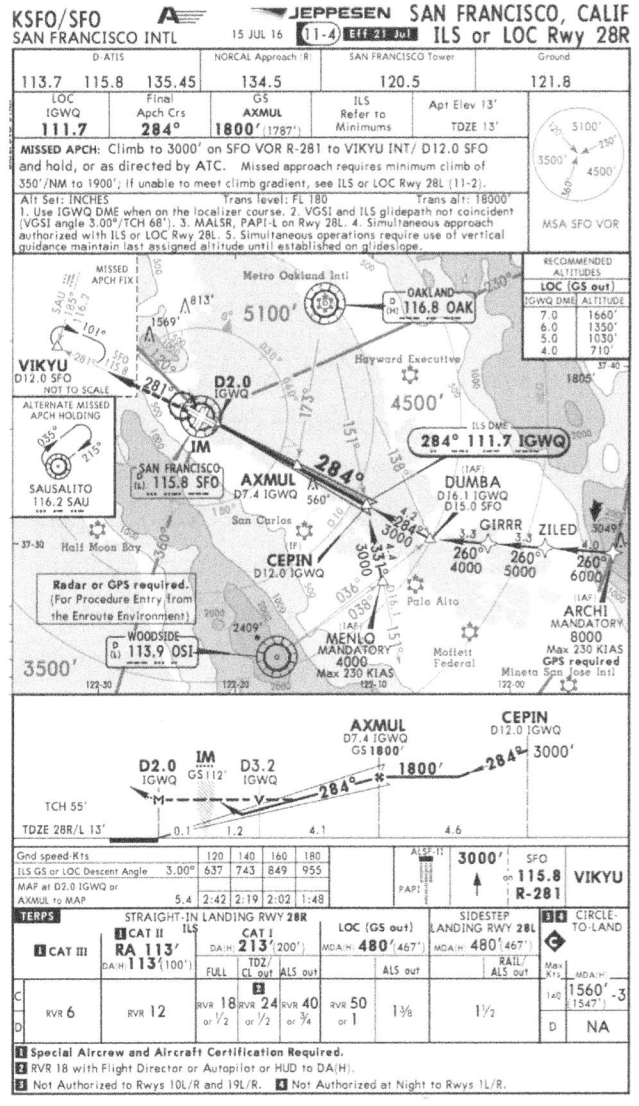

Antes de comenzar a volar este interesante ILS CAT III, conozcamos algunos nuevos detalles de esta carta de aproximación: Si bien en su descripción, esta carta no menciona la categoría de ILS para la que esta diseñada, podemos encontrar dicha información de otro modo, bastará con leer la sección de "ILS Minimums" donde deberá aclarar para que clase de categoría de ILS es la aproximación.

KSFO/SFO SAN FRANCISCO INTL	15 JUL 16	JEPPESEN (11-4) Eff 21 Jul	SAN FRANCISCO, CALIF ILS or LOC Rwy 28R		
D-ATIS		NORCAL Approach (R)	SAN FRANCISCO Tower		Ground
113.7 115.8 135.45		134.5	120.5		121.8
LOC IGWQ **111.7**	Final Apch Crs **284°**	GS AXMUL **1800'** (1787')	ILS Refer to Minimums	Apt Elev 13' TDZE 13'	5100' 3500' 4500' MSA SFO VOR
MISSED APCH: Climb to 3000' on SFO VOR R-281 to VIKYU INT/ D12.0 SFO and hold, or as directed by ATC. Missed approach requires minimum climb of 350'/NM to 1900'; if unable to meet climb gradient, see ILS or LOC Rwy 28L (11-2).						
Alt Set: INCHES Trans level: FL 180 Trans alt: 18000' 1. Use IGWQ DME when on the localizer course. 2. VGSI and ILS glidepath not coincident (VGSI angle 3.00°/TCH 68'). 3. MALSR, PAPI-L on Rwy 28L. 4. Simultaneous approach authorized with ILS or LOC Rwy 28L. 5. Simultaneous operations require use of vertical guidance maintain last assigned altitude until established on glideslope.						

El orden de lectura es siempre el mismo, comenzando desde el sector izquierdo superior hacia el sector derecho inferior, idéntico al orden de lectura de un libro. De esta forma encontramos: el nombre del aeropuerto, el numero de carta, la ciudad y la clase de aproximación con su respectiva pista. Seguido a ello, la fila de las frecuencias. Por debajo, los datos de la aproximación final. A su derecha la información relativa a las altitudes mínimas de seguridad. Finalizando con la información de la aproximación frustrada y debajo de ella, encontramos un detalle muy interesante en la información adicional. Entre varios ítems mencionados, los puntos 4 y 5 hacen mención a la posibilidad operaciones simultáneas, normalmente en pistas paralelas.

Continuando con algunas particularidades mas de esta carta, llegamos a la vista en planta. En su margen superior derecho sugiere un perfil de descenso para el supuesto caso donde la aproximación se realice con el GS fuera de servicio.

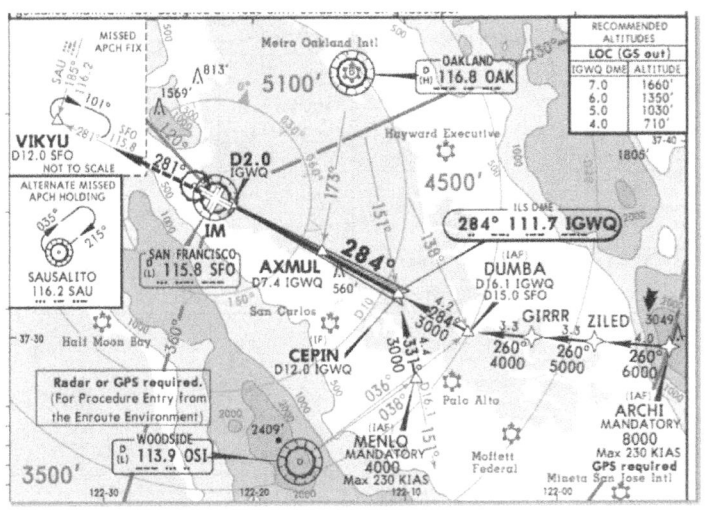

Pero, como haríamos un ILS CATIII sin la información del GS?

La respuesta es muy simple, NO PODRIAMOS! Pero cuál sería el sentido entonces, de que en una carta de aproximación ILS CAT III brinde esta clase de información? La respuesta también resulta simple: por que podríamos usar esta misma carta para una aproximación ILS de cualquier categoría, incluso un ILS CAT I solo con LOCALIZAR y el GS fuera de servicio.

En la siguiente imagen vemos la información de los mínimos requeridos para esta carta, y en su correspondiente sección, podemos encontrar los diferentes mínimos para cada caso, y todo en una misma carta. Veamos:

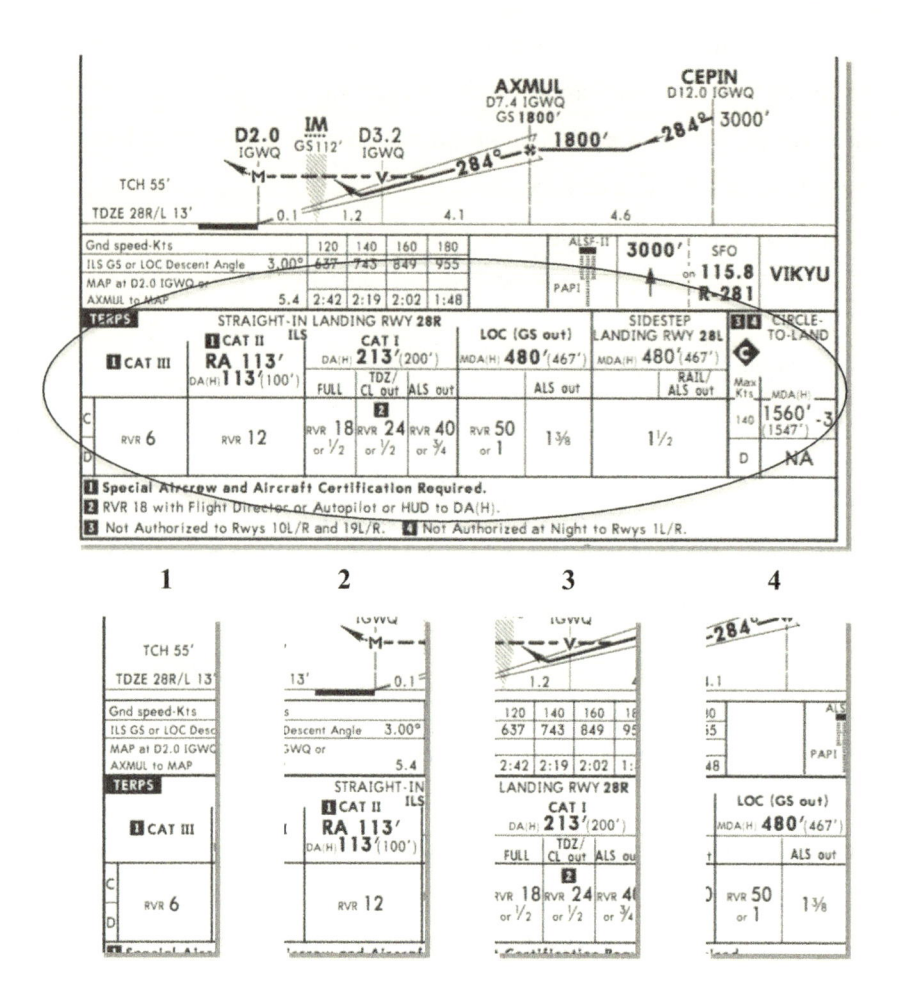

Comenzando con la información 1, corresponde a los mínimos para un ILS CATIII y solo se limita a mencionar el RVR ya que la visibilidad no es un requerimiento para esta clase de ILS. Se describe como RVR6 o RVR 600 FT. Para este caso tampoco se detalla una DA(H) ya que la misma no es un requerimiento para ILS CAT III.

132

En la información numero 2, se describe un ILS CAT II y en este caso ya aparece en juego la DA(H) de 113' y figura como RA 113', haciendo referencia a la lectura del "Radio Altímetro". Para esta aproximación el RVR12 indica un mínimo de RVR de 1200 FT.

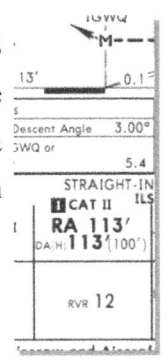

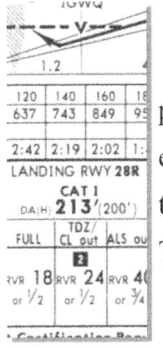

Continuando con la información del numero 3, pasamos a los mínimos requeridos para un ILS CAT I y exige una DA(H) de 213' (200), con un RVR dividido en tres secciones: con equipamiento FULL RVR18, con TDZ RVR24 o con ALS fuera de servicio y un RVR 40.

Finalizando con la información del numero 4, pasamos a los mínimos requeridos para un ILS CAT I y con el GS fuera de servicio. Aquí entra en juego la conocida como MDA (mínimum descent altitude) y se considera que el procedimiento pasa a ser de "no precisión" similar a una aproximación VOR.

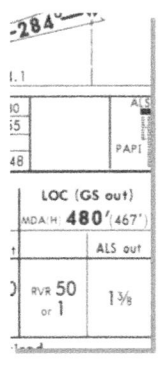

133

Volando un ILS CAT III (parte 1)

Para esta ultima aventura vamos a tomar como ejemplo uno de los ILS CAT III mas interesantes del mundo, en uno de los aeropuertos mas complejos en los que pueden operar aeronaves comerciales. Se trata del Aeropuerto Internacional de Londres, denominado ***"HEATHROW International Airport"***.

Mundialmente conocido por su particular meteorología, el aeropuerto internacional de Londres, se ha convertido en uno de los mas complejos para una operación de aproximación ILS.

Heathrow es un aeropuerto certificado para aproximaciones ILS CAT IIIB, donde no es necesaria una DH y requiere un RVR mínimo de 150 pies o 46 metros!

Por su compleja arquitectura, su intenso trafico aéreo y sus cambiantes condiciones meteorológicas, el aeropuerto de Heathrow posee procedimientos adicionales como ser:
- Rodajes de baja visibilidad (low visibility taxi).
- Despegues de baja visibilidad (low visibility take off).
- Procedimientos de operaciones simultáneas en pistas paralelas.
- Entre otros mas que encontraremos al analizar sus cartas.

Comencemos analizando el diagrama de su aeropuerto y conozcamos sus diferentes variables antes de iniciar nuestra aproximación ILS CAT IIIB.

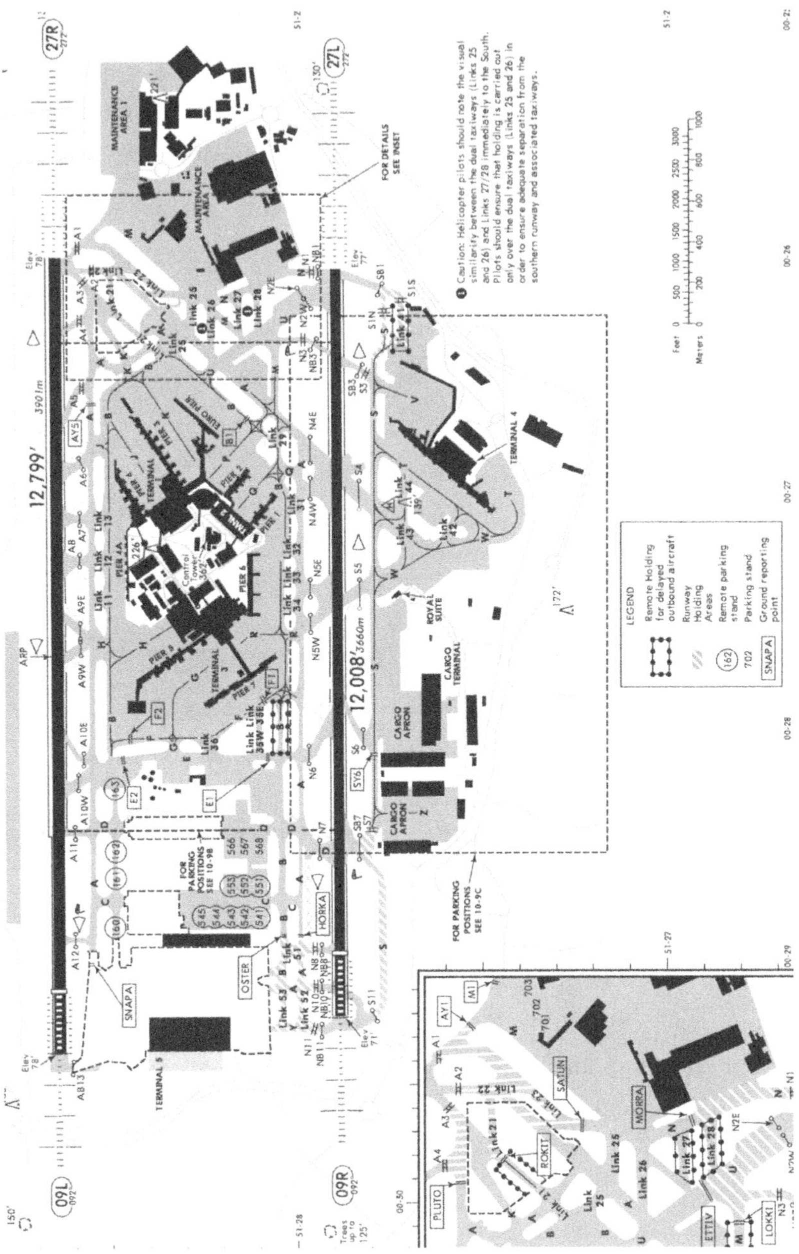
12,799' 3901m
12,008' 3660m
09L
09R
27R
27L
TERMINAL 3
TERMINAL 4
TERMINAL 5
MAINTENANCE AREA 1
CARGO TERMINAL
CARGO APRON
ROYAL SUITE
Control Tower 362'
FOR PARKING POSITIONS SEE 10-9B
FOR PARKING POSITIONS SEE 10-9C
FOR DETAILS SEE INSET
Caution: Helicopter pilots should note the visual similarity between the dual taxiways (Links 25 and 26) and Links 27/28 immediately to the South. Pilots should ensure that holding is carried out only over the dual taxiways (Links 25 and 26) in order to ensure adequate separation from the southern runway and associated taxiways.
LEGEND
Remote Holding for delayed outbound aircraft
Runway Holding Areas
Remote parking stand
Parking stand
Ground reporting point

El primer impacto con la carta del diagrama del aeropuerto nos muestra su principal característica: "Pistas Paralelas". En nuestro caso en particular vamos a operar en la pista 27R con una aproximación ILS CATIIIB. Pero como no podemos omitir otros detalles importantes de este diagrama de Heathrow, analicemos algunos extractos de la carta para aprender algunos nuevos conceptos antes de iniciar la aproximación:

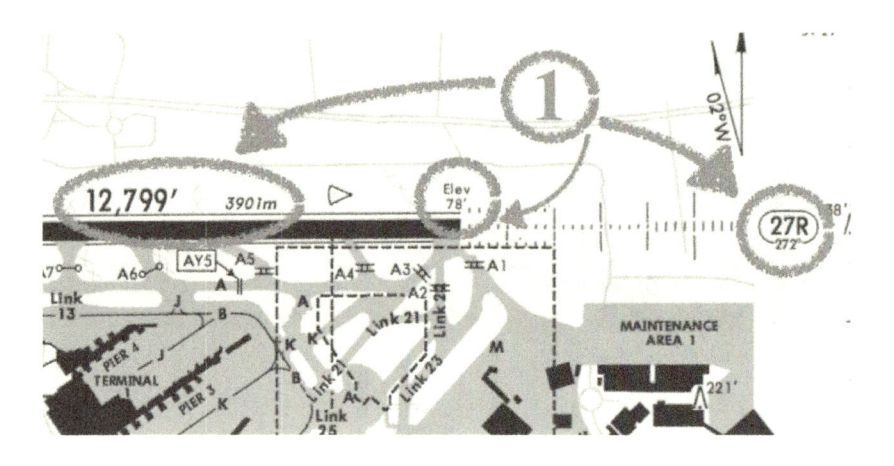

En este punto numero 1, encontramos tres datos de suma importancia, la designación de la pista (RWY 27R), su elevación 78 FT y su longitud o largo de pista que es de 3901 metros o 12,799 FT.

Una vez que ya estamos familiarizados con nuestro aeropuerto, es momento de conocer la carta de ingreso al terminal que corresponda según la aproximación que vayamos a realizar. Veamos:

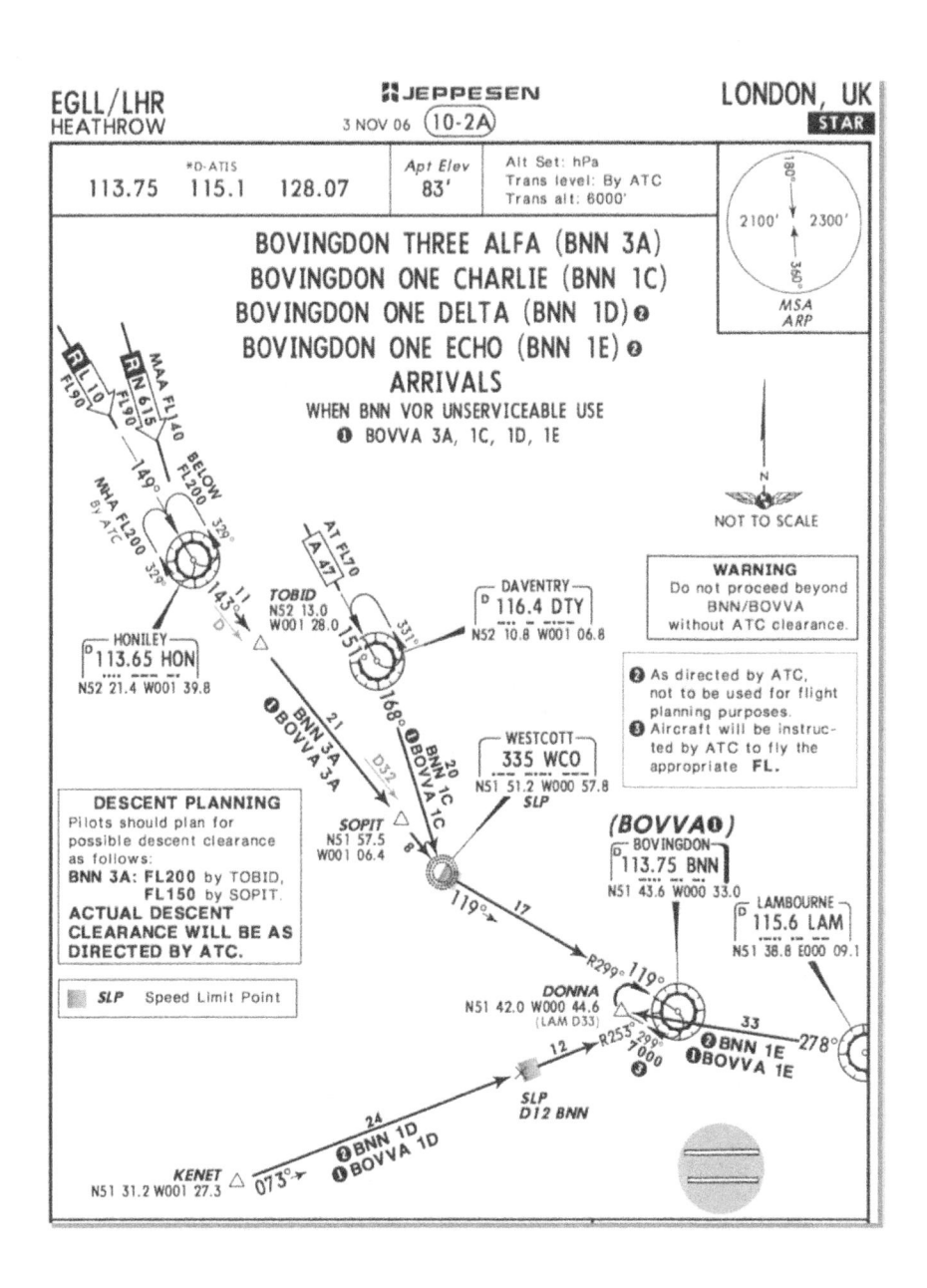

EGLL/LHR HEATHROW — LONDON, UK
STAR 10-2A — 3 NOV 06 — JEPPESEN

*D-ATIS			Apt Elev	Alt Set: hPa
113.75	115.1	128.07	83'	Trans level: By ATC / Trans alt: 6000'

MSA ARP: 2100' / 2300' / 180° / 360°

BOVINGDON THREE ALFA (BNN 3A)
BOVINGDON ONE CHARLIE (BNN 1C)
BOVINGDON ONE DELTA (BNN 1D) ❷
BOVINGDON ONE ECHO (BNN 1E) ❷
ARRIVALS
WHEN BNN VOR UNSERVICEABLE USE
❶ BOVVA 3A, 1C, 1D, 1E

NOT TO SCALE

WARNING
Do not proceed beyond BNN/BOVVA without ATC clearance.

❷ As directed by ATC, not to be used for flight planning purposes.
❸ Aircraft will be instructed by ATC to fly the appropriate **FL**.

RL 10 FL190
RN 615 FL90
MAA FL40 BELOW
MHA FL200 BY ATC
149° 329° 325°
11 143°

TOBID
N52 13.0 W001 28.0
AT FL70 A 47
15 331°

HONILEY
D 113.65 HON
N52 21.4 W001 39.8

DAVENTRY
D 116.4 DTY
N52 10.8 W001 06.8

168° 21
❶BNN 3A / ❶BOVVA 3A
D32

SOPIT
N51 57.5 W001 06.4
8 20
❶BNN 1C / ❶BOVVA 1C

WESTCOTT
335 WCO
N51 51.2 W000 57.8
SLP

119° 17

DESCENT PLANNING
Pilots should plan for possible descent clearance as follows:
BNN 3A: FL200 by TOBID, FL150 by SOPIT.
ACTUAL DESCENT CLEARANCE WILL BE AS DIRECTED BY ATC.

SLP Speed Limit Point

(BOVVA ❶)
BOVINGDON
113.75 BNN
N51 43.6 W000 33.0

LAMBOURNE
D 115.6 LAM
N51 38.8 E000 09.1

R299° 119°
DONNA
N51 42.0 W000 44.6
(LAM D33)
R253° 299° 7000
12 33 278°
❷BNN 1E / ❶BOVVA 1E
❸

SLP D12 BNN

24
❶BNN 1D / ❶BOVVA 1D
KENET △ 073°
N51 31.2 W001 27.3

Al igual que en los aeropuertos mas grandes del mundo, en el aeropuerto de LHR, los procedimientos de ingresos al terminal o STAR CHARTS finalizan en un punto alejados de la aproximación final. Esto se debe a que, en la mayoría de los casos, la aproximación continua bajo control radar, siguiendo las instrucciones del controlador de transito aéreo, quien informará a cada momento, los cambios de rumbos, velocidades y altitudes, con el fin de ordenar los ingresos y posicionarlos en el punto final para interceptar el LOC, posterior interceptar el GS y continuar con la aproximación ILS bajo el control de aproximación en una frecuencia diferente.

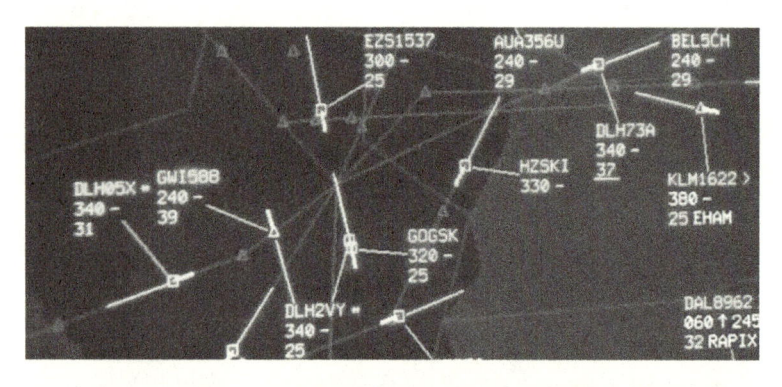

En la práctica, un vuelo bajo "Vector Radar" busca convertirse en un vuelo 100% guiado por el controlador del radar, quien tiene la tarea de guiar a cada avión hasta el punto donde el vuelo puede continuar bajo los procedimientos ILS para una aproximación instrumental. Otra de las tareas fundamentales de un controlador aéreo es lograr una adecuada separación entre cada transito, dependiendo de la velocidad del mismo, su trayectoria y sus intenciones.

En espacios aéreos donde se encuentran varios aeropuertos de gran capacidad de operación, el control radar puede sectorizarse en dos o mas frecuencias diferentes, según el sector de operación. La forma mas usual de separación entre tránsitos es la variación en las velocidades y trayectorias de cada uno, pudiendo adicionalmente, solicitar cambios de altitudes o niveles de vuelo para una separación aun mayor. Llevando a una situación mas extrema de separación, el controlador de transito aéreo puede solicitar que una aeronave realice un circuito de espera en un determinado punto dentro de su área terminal, con el fin de ceder el paso a otros tránsitos, ya sea por prioridad de aterrizaje o bien con performance propias de cada aeronave.

Habiendo comprendido los procedimientos de vuelo bajo vector radar, continuemos con nuestro vuelo y conozcamos la carta de aproximación ILS CAT IIIB del Aeropuerto Internacional de Londres, denominado como *"HEATHROW International Airport"*:

EGLL/LHR
HEATHROW

JEPPESEN
2 SEP 11 (11-4)

LONDON, UK
❶ ILS DME Rwy 27R

*D-ATIS	HEATHROW Director (APP)	HEATHROW Tower	*Ground
113.75 115.1 128.07	119.72	118.5 118.7	121.9 121.7 121.85

LOC	Final Apch Crs	GS	CAT IIIB ILS	CAT I, II & IIIA ILS	Apt Elev 83'
IRR *110.3	271°	D4.0 IRR 1410'(1332')	No DH	Refer to Minimums	RWY 78'

MISSED APCH: Climb STRAIGHT AHEAD when passing 1580' or D0.0 IRR, whichever is later, climbing turn RIGHT on track 318° to 3000', then as directed. In event of radio failure see 11-6.

Alt Set: hPa Rwy Elev: 3 hPa Trans level: By ATC Trans alt: 6000'

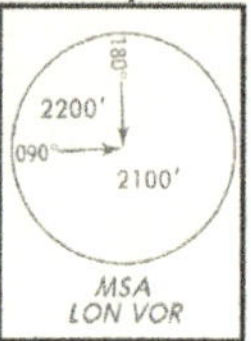

BRIEFING STRIP ™

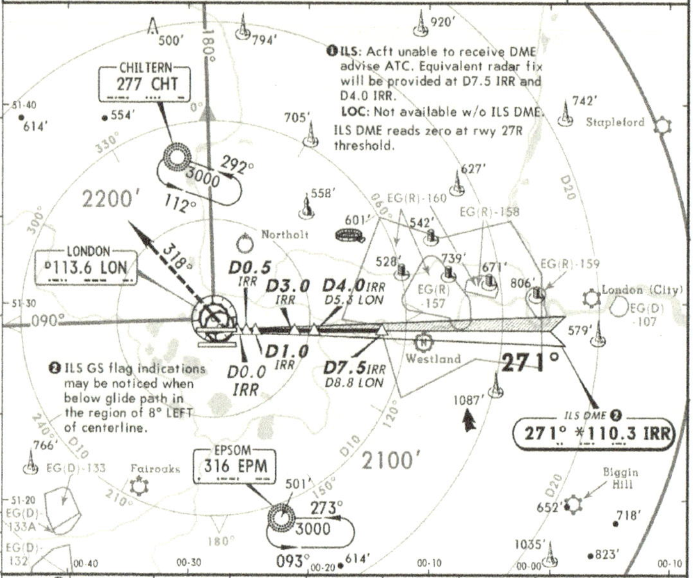

LOC ❸ (GS out)	IRR DME	1.0	2.0	3.0	4.0	5.0	6.0	7.0
	ALTITUDE	450'	770'	1090'	1410'	1730'	2050'	2370'

❸ Do not descend below the descent profile

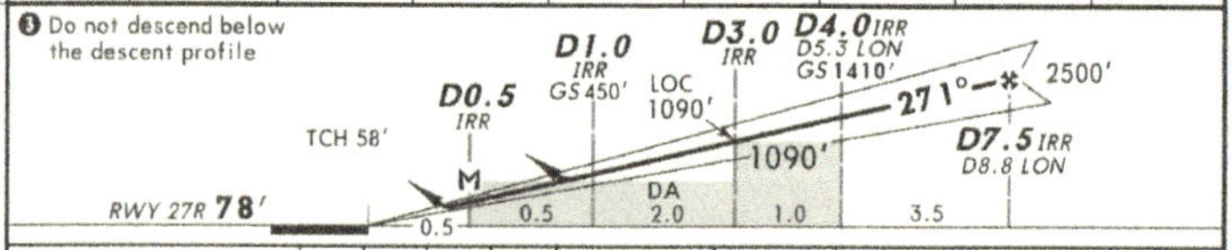

Gnd speed-Kts	120	140	160	180
ILS GS or LOC Descent Angle 3.00°	647	755	862	970
MAP at D0.5 IRR				

HIALS-II
PAPI

1580' whichever later D0.0 IRR 318° RT

Standard

STRAIGHT-IN LANDING RWY 27R

	CAT IIIB (ILS)	CAT IIIA (ILS)	CAT II (ILS)	CAT I FULL	CAT I Limited	CAT I ALS out	LOC (GS out) CDFA	LOC (GS out) ALS out
	No DH	DH 50'	RA 102' DA(H) 178'(100')	DA(H) 278'(200')			DA/MDA(H) 430'(352')	
C	RVR 75m	RVR 200m	RVR 300m	RVR 550m	RVR 750m	RVR 1200m	RVR 900m	RVR 1600m
D								

CIRCLE-TO-LAND

Max Kts	MDA(H)	VIS
180	850'(767')	2400m
205	850'(767')	3600m

PANS OPS 4

CHANGES: Minimums.

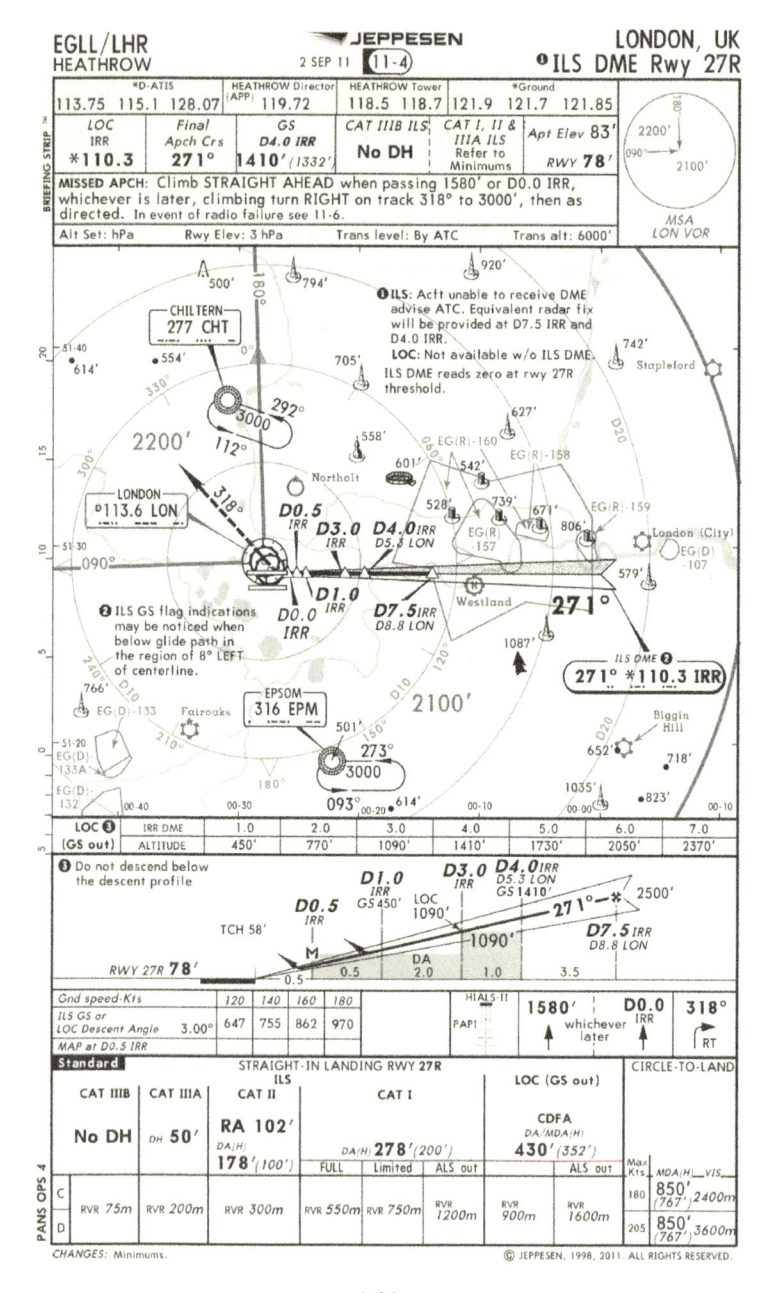

A diferencia de otras cartas que hemos analizado con anterioridad, en este caso se presentan algunas nuevas características. Observando la primera fila de información en la parte superior, encontramos los datos del aeropuerto y de la carta. En la segunda fila vemos la sección de frecuencias, donde en el primer recuadro se detallan todas las frecuencias del ATIS y luego las frecuencias de comunicación según corresponde: aproximación, torre y rodaje.

EGLL/LHR HEATHROW		JEPPESEN 2 SEP 11 (11-4)				LONDON, UK ILS DME Rwy 27R	
*D-ATIS 113.75 115.1 128.07	HEATHROW Director (APP) 119.72	HEATHROW Tower 118.5 118.7		*Ground 121.9 121.7 121.85			
LOC IRR *110.3	Final Apch Crs 271°	GS D4.0 IRR 1410' (1332')	CAT IIIB ILS No DH	CAT I, II & IIIA ILS Refer to Minimums	Apt Elev 83' RWY 78'	2200' 090 2100'	
MISSED APCH: Climb STRAIGHT AHEAD when passing 1580' or D0.0 IRR, whichever is later, climbing turn RIGHT on track 318° to 3000', then as directed. In event of radio failure see 11-6.						MSA LON VOR	
Alt Set: hPa	Rwy Elev: 3 hPa	Trans level: By ATC		Trans alt: 6000'			

En la segunda fila encontramos toda la información relativa a la aproximación y notamos como característica particular que la información de los mínimos para CAT IIIB figura como NO DH.

En la tercera fila se detalla la información relativa a la aproximación frustrada y justo a su derecha la información de la MSA al igual que en todas las cartas del fabricante JEPPESEN.

Veamos ahora la vista en planta de la carta y seguramente encontraremos algunas otras características adicionales. Tu turno:

- *Observando la siguiente imagen, ¿Donde se ubica el IAF?*

Similar a la vista en planta de cualquier otra carta ILS CAT III pero con algunas salvedades. Además de la radio ayuda principal de esta carta el ILS IRR, también encontramos tres radio ayudas mas: VRO LON, NDB EPM y NDB CHT, estas dos últimas acompañadas de una espera con una altitud mínima de 3000 FT. La finalidad de que una carta ILS CAT III posea tres radio ayudas adicionales y alejadas de la aproximación final, es brindar sectores de inicio para la aproximación bajo las indicaciones de un vuelo en vector radar. Si bien no son mencionados en la carta, los NDB EPM y CHT son puntos a donde el control radar puede dirigir a los tránsitos para incorporarlos a un circuito de espera, buscando un orden en el trafico aéreo y teniendo la posibilidad de guiarlos a la aproximación final cuando estén listos. La vista del perfil vertical es similar a las anteriormente estudiadas, mencionando como punto de suma importancia, la sección inferior donde encontramos los diferentes valores de DH y RVR según la aproximación que estemos realizando.

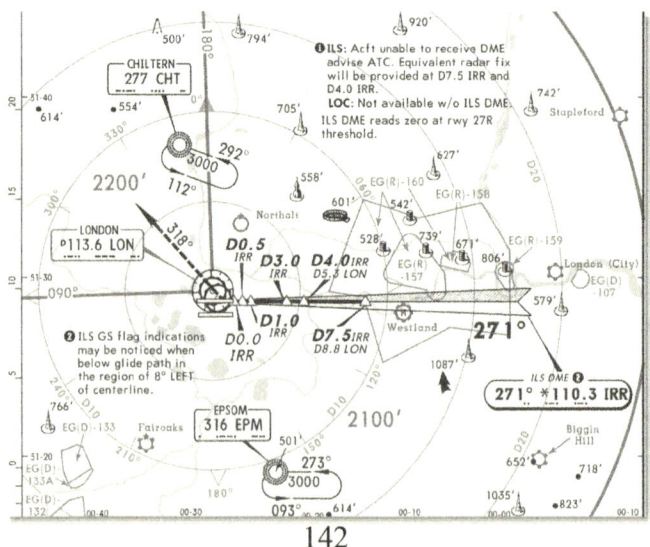

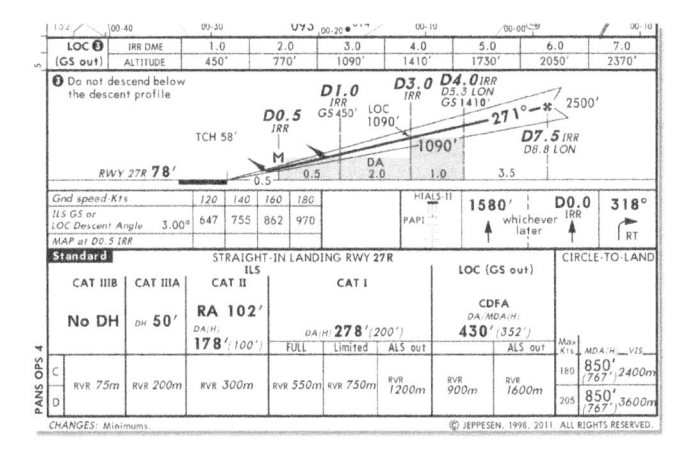

Para este caso en particular, en la parte inferior izquierda, vemos que para un ILS CAT IIIB los valores son:

- NO DH.
- RVR 75 Mts.

Habiendo entendido estos detalles de nuestras cartas, es hora de darle vida a nuestro ILS CAT IIIB. Al igual que en el capitulo anterior intentaremos "Volar" la aproximación paso a paso. Veamos:

Volando un ILS CAT III (parte 2)

Comenzando con este ejemplo, imaginemos que estamos sobrevolando el VOR de HON FL 190 y desde aquí establecemos contacto de radio con el control radar quien nos indica continuar hasta la posición WCO y prever continuar bajo vector radar hasta el ILS:

143

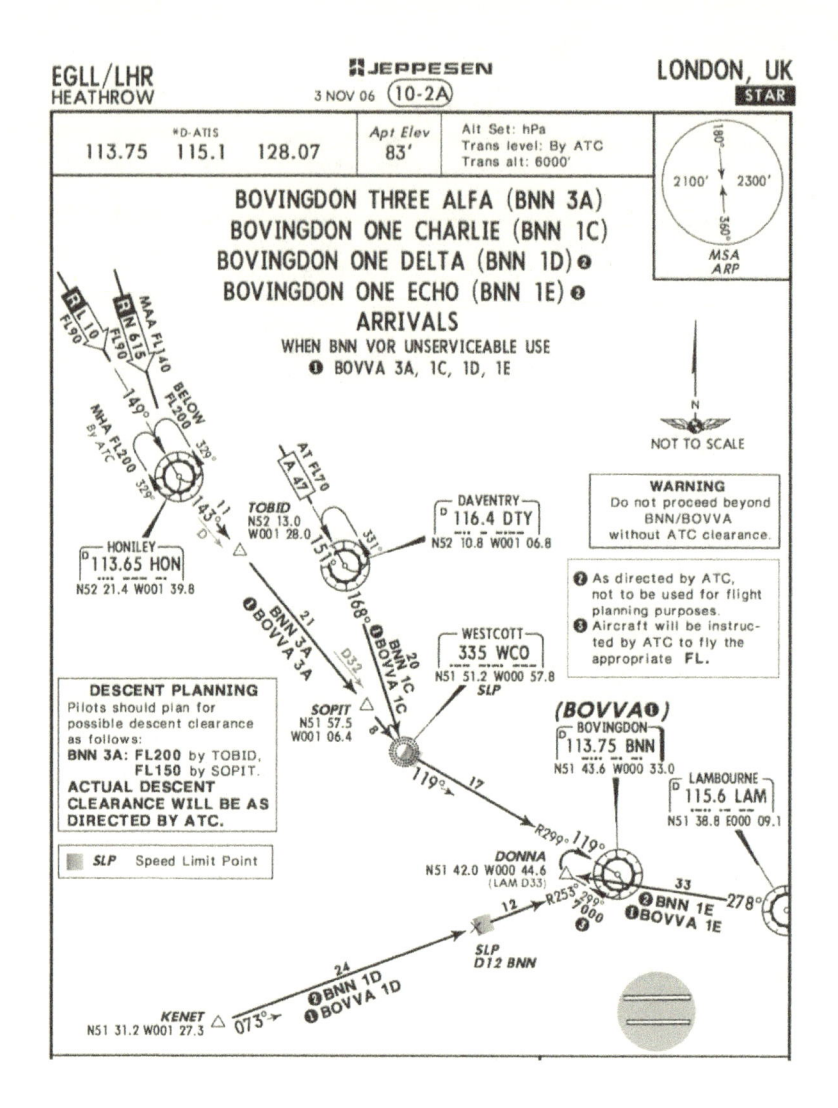

Observando el punto numero uno, vemos la posición de nuestro avión justo por encima del VOR de HON y según su restricción, sobrevolamos por debajo de FL 200. Luego nuestro avión debe alejarse por el radial 143 11NM hasta la posición TOBID y continuar 32 NM mas hasta la próxima posición que es el NDB WCO para llegar al punto numero dos. Al reportar nuestra posición sobre el NDB WCO, el control radar nos informa que existen dos tránsitos adicionales con la misma dirección, hacia la posición numero tres, el VOR BNN.

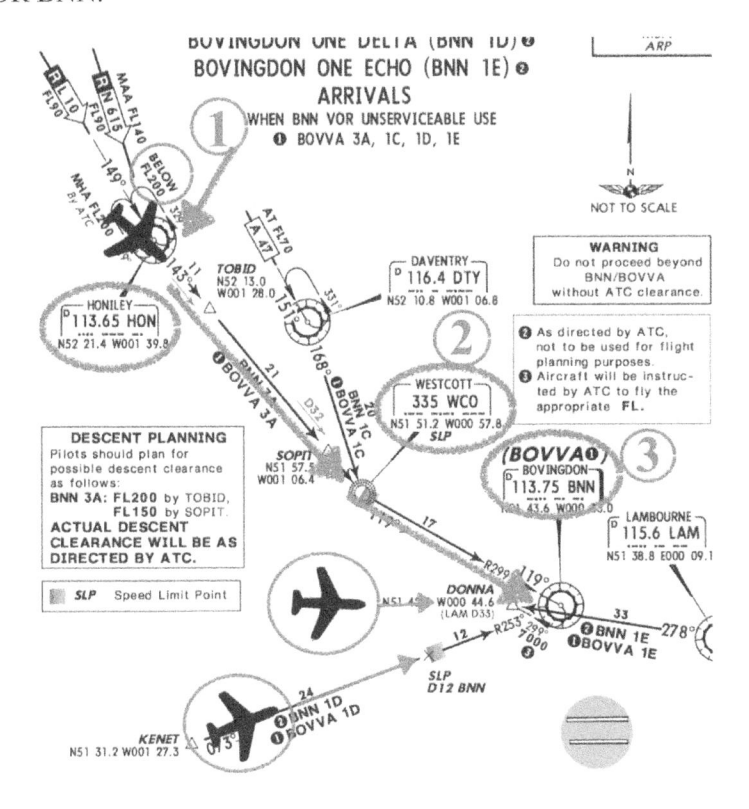

Bajo estas circunstancias, el control de transito aéreo tiene la obligación de separar a los tránsitos (aviones) con el fin de evitar un que los mismos se acerquen, lo cual podría generar un "reporte TCAS" de cada uno de los aviones.

145

Por esta razón es que el control de transito ofrece separaciones apartándose de las trayectorias de cada avión en la carta. Para nuestro caso en particular, recibimos la instrucción de abandonar la carta de ingreso al terminal y continuar bajo "vector radar" siguiendo las instrucciones que nos brindará el control de transito aéreo. Luego de brindar "vector radar" a cada una de las aeronaves, nuestro avión (1) recibe la información de volar con rumbo 090. La segunda (2). Aeronave debe volar con rumbo 110 y la tercer aeronave (3) debe volar con rumbo 360. Así, el control de transito aéreo ha ordenado las aproximaciones y las prioridades de aproximación han cambiado.

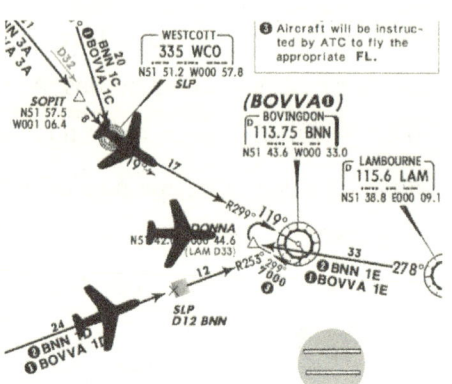

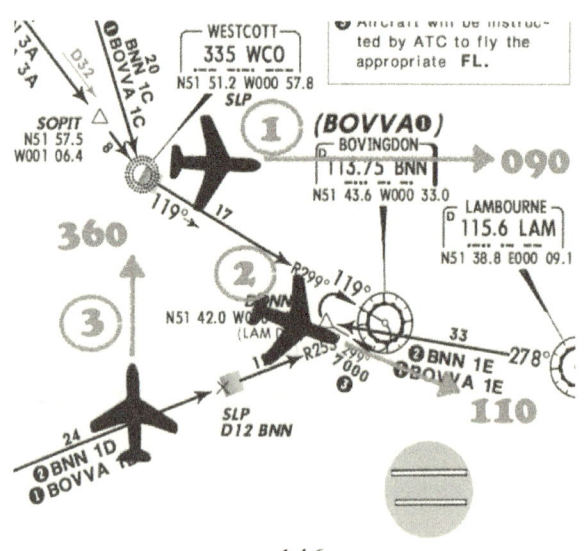

Luego de que cada aeronave haya adoptado el rumbo solicitado, el control de transito aéreo, ordena los cambios de nivel y velocidad. Por ejemplo:

- Aeronave 1: descender a FL080. Reducir velocidad a 170 KT.
- Aeronave 2: descender a FL070. Aumentar velocidad a 180 KT.
- Aeronave 3: Mantener FL 100. Reducir velocidad a 160 KT.

Continuando con nuestro vuelo, las instrucciones del control siguen de la siguiente forma:

- Aeronave 1: Viraje derecha rumbo 140. Descender a FL060.
- Aeronave 2: Viraje derecha rumbo 180. Descender a FL050. Contactar Heathrow aproximación en frecuencia 119.72.
- Aeronave 3: Viraje derecha rumbo 090. Mantener FL 080. Reducir velocidad a 160 KT.

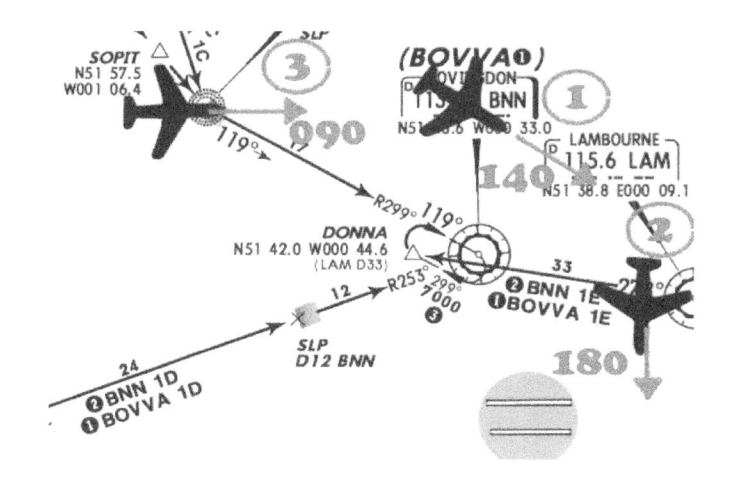

De esta manera, la aeronave 2, quien tenia turno uno para aproximar, fue guiada bajo vector radar hasta el punto donde fue transferida a la frecuencia de aproximación 119.72. A partir de este momento, quedan únicamente dos aeronaves bajo las instrucciones del control radar. La aeronave numero uno (nuestro vuelo) y la aeronave numero 3, quien se ubicará detrás de nuestra trayectoria de vuelo.

Continuando con nuestro vuelo, las instrucciones del control son las siguientes:

- Aeronave 1: Viraje rumbo 180. Descender a FL050. Reducir velocidad a 160 KT. Contactar Heathrow aproximación en frecuencia 119.72.
- Aeronave 3: Viraje derecha rumbo 140. Descender a FL060.

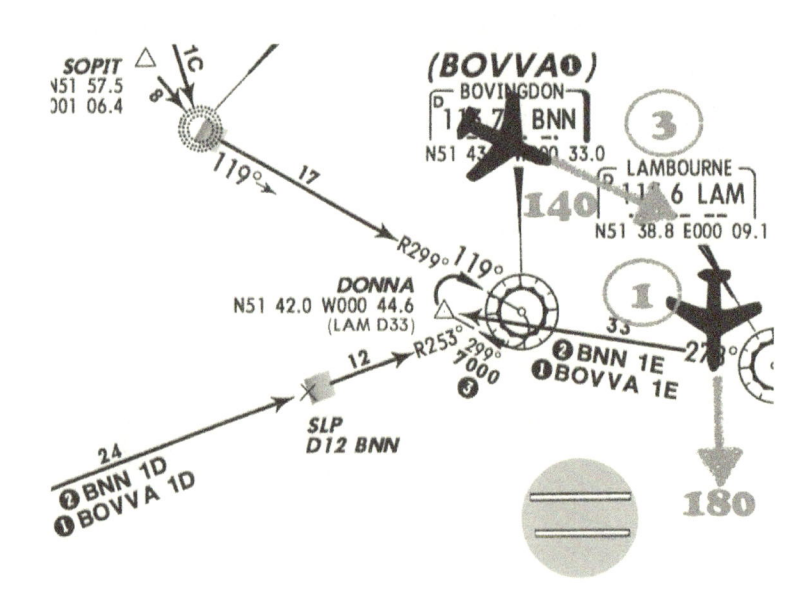

De esta manera, nuestra aeronave, la numero uno, tiene prioridad para la aproximación y deja a la aeronave numero tres en segundo lugar. Aquí nuevamente se produce una transferencia de control, pasamos de estar en comunicación con el control radar a establecer contacto con la siguiente estación, Heathrow Aproximación.

Con el objetivo de estar preparado para saber cuál es la próxima frecuencia a la cual nos van a transferir y cuales serán las autorizaciones que deberíamos esperar, la carta Jeppesen nos ofrece una ayuda visual muy fácil de entender. Veamos:

EGLL/LHR HEATHROW	JEPPESEN 2 SEP 11 (11-4)	LONDON, UK ILS DME Rwy 27R
*D-ATIS 113.75 115.1 128.0	HEATHROW Director (APP) 119.72	HEATHROW Tower 118.5 118.7	*Ground 121.9 121.7 121.85	
LOC IRR *110.3	Final Apch Crs 271°	GS D4.0 IRR 1410' (1332')	CAT IIIB ILS No DH	CAT I, II & IIIA ILS Refer to Minimums	Apt Elev 83' RWY 78'	2200' 090→ 2100'
MISSED APCH: Climb STRAIGHT AHEAD when passing 1580' or D0.0 IRR, whichever is later, climbing turn RIGHT on track 318° to 3000', then as directed. In event of radio failure see 11-6.		MSA LON VOR
Alt Set: hPa	Rwy Elev: 3 hPa	Trans level: By ATC	Trans alt: 6000'	

Las frecuencias en todas las cartas Jeppesen están ordenadas intencionalmente respetando el orden de utilización de las mismas. En nuestro caso en particular, luego de que el control radar ordena comunicarse con la frecuencia de aproximación (quien autorizará la realización de la carta), primero debemos escuchar el ATIS en su frecuencia correspondiente, luego establecer contacto radial con el control de aproximación en la frecuencia informada, este control será el encargado de autorizar el procedimiento, luego deberíamos comunicar con la frecuencia de torre, quien nos dará la autorización para aterrizar y, por último, con la frecuencia de rodaje quien nos dará las instrucciones finales para el rodaje hacia la plataforma.

Ahora bien, al establecer contacto radial con el control de aproximación en frecuencia 119.72, el mismo nos da la siguiente instrucción:

Aeronave 1: Viraje derecha rumbo 225. Reducir velocidad a 150 KT. Descenso a discreción. Autorizado ILS RWY 27R. Reporte establecido en el Localizador.

Veamos como fue la transición de una carta a otra:

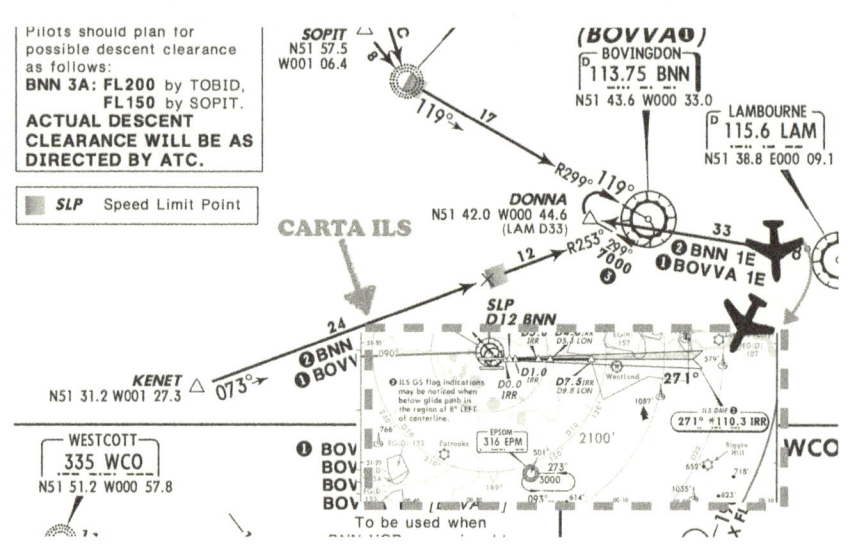

Dentro del recuadro se encuentra un extracto de la carta ILS a realizar. Respetando la ultima instrucción, vemos que la misma le daría a nuestro avión una trayectoria adecuada para interceptar el ILS de la pista 27R, ya que el rumbo de la instrucción (225) queda a 46 grados de diferencia del curso final ILS según la carta (271). Es en este preciso momento donde realizamos la transición de cartas y pasamos a volar con la carta de aproximación ILS que corresponda.

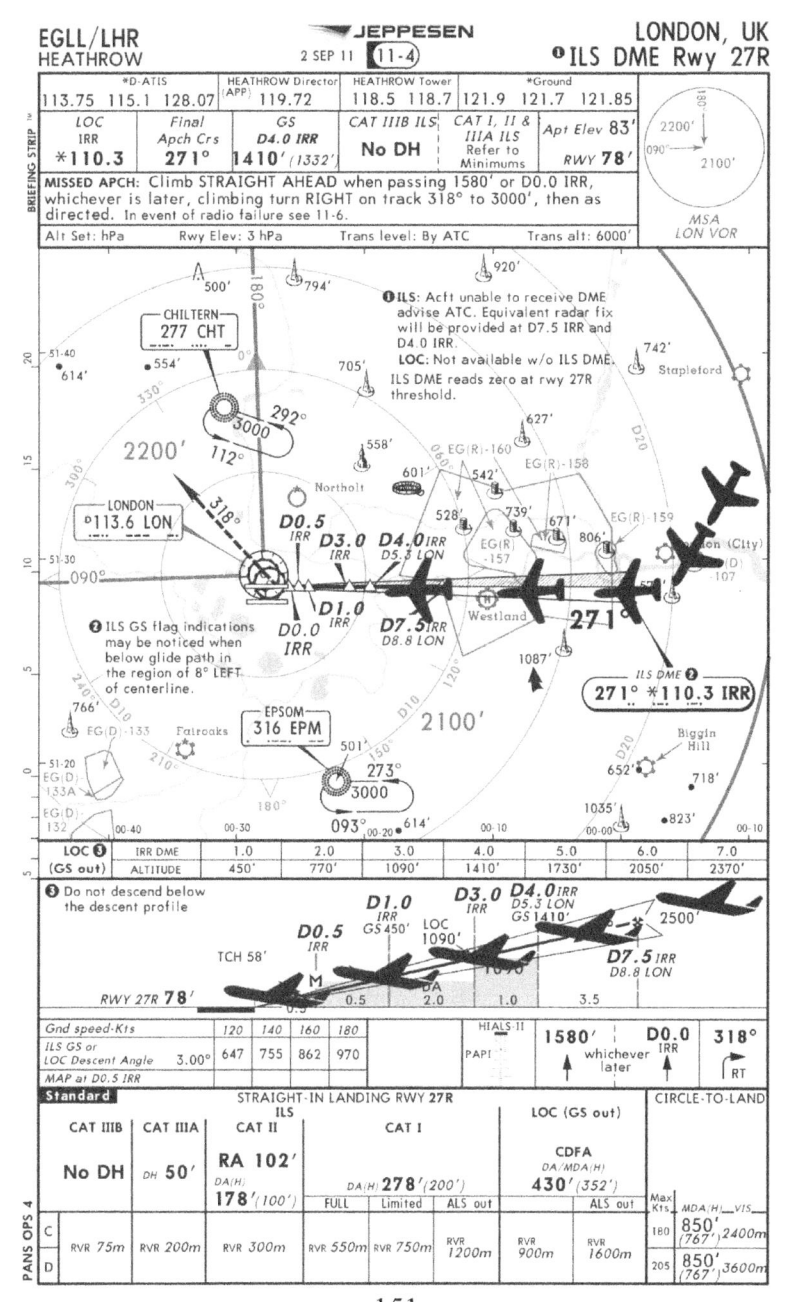

EGLL/LHR HEATHROW — LONDON, UK
ILS DME Rwy 27R

JEPPESEN — 2 SEP 11 (11-4)

*D-ATIS	HEATHROW Director (APP)	HEATHROW Tower	*Ground
113.75 115.1 128.07	119.72	118.5 118.7	121.9 121.7 121.85

LOC IRR	Final Apch Crs	GS D4.0 IRR	CAT IIIB ILS	CAT I, II & IIIA ILS	Apt Elev 83'
*110.3	271°	1410' (1332')	No DH	Refer to Minimums	RWY 78'

MSA: 2200' / 2100' LON VOR

MISSED APCH: Climb STRAIGHT AHEAD when passing 1580' or D0.0 IRR, whichever is later, climbing turn RIGHT on track 318° to 3000', then as directed. In event of radio failure see 11-6.

Alt Set: hPa   Rwy Elev: 3 hPa   Trans level: By ATC   Trans alt: 6000'

CHILTERN 277 CHT
LONDON 113.6 LON
EPSOM 316 EPM

ILS: Acft unable to receive DME advise ATC. Equivalent radar fix will be provided at D7.5 IRR and D4.0 IRR.
LOC: Not available w/o ILS DME. ILS DME reads zero at rwy 27R threshold.

ILS GS flag indications may be noticed when below glide path in the region of 8° LEFT of centerline.

ILS DME 271° *110.3 IRR

LOC (GS out)	IRR DME	1.0	2.0	3.0	4.0	5.0	6.0	7.0
	ALTITUDE	450'	770'	1090'	1410'	1730'	2050'	2370'

Do not descend below the descent profile

TCH 58'   RWY 27R 78'

Gnd speed-Kts		120	140	160	180	HIALS-II	1580'	D0.0 IRR	318°
ILS GS or LOC Descent Angle	3.00°	647	755	862	970	PAPI	whichever later		RT

MAP at D0.5 IRR

Standard — STRAIGHT-IN LANDING RWY 27R — CIRCLE-TO-LAND

	CAT IIIB	CAT IIIA	CAT II	CAT I	LOC (GS out)		
	No DH	DH 50'	RA 102' DA(H) 178' (100')	DA(H) 278' (200')	CDFA DA/MDA(H) 430' (352')		
			FULL	Limited ALS out	ALS out	Max Kts	MDA(H) VIS
C		RVR 75m	RVR 200m	RVR 300m	RVR 550m RVR 750m	RVR 1200m	RVR 900m	RVR 1600m	180	850' (767') 2400m
D								205	850' (767') 3600m

151

Observando la imagen anterior, tenemos la carta ILS que debemos realizar y encontramos la trayectoria que el avión debería seguir para cumplir con las instrucciones del control de interceptar el localizador y continuar con el ILS. Desde la vista en planta notamos que si mantenemos el curso 245 lograremos interceptar el LOC y justo en ese momento, continuaremos con la indicación del mismo. Por otra parte, en el perfil vertical de la carta, vemos el "Perfil" de descenso que debería adoptar nuestro avión para lograr seguir bajo las instrucciones del GS y aterrizar en la pista 27R. Volemos Paso a paso:

Rumbo de interceptación LOC 245. Manteniendo altitud de 2500 FT

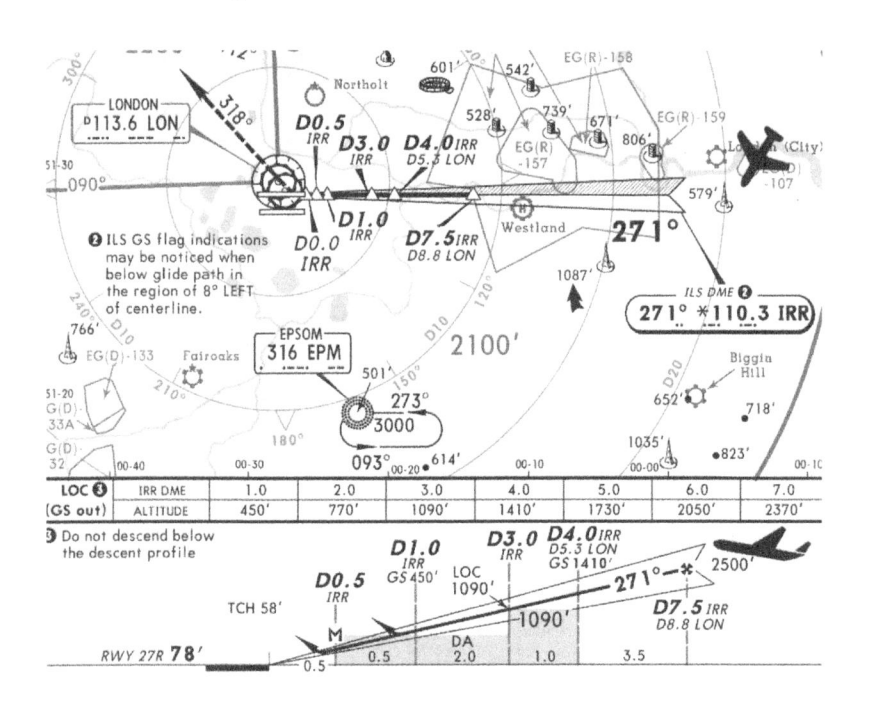

A medida que el avión continua volando con el rumbo 245, se acercará mas a la intercepción del LOC hasta quedar establecido con el curso final 271. En este momento tenemos que reportar nuestra posición al control de aproximación, quien anteriormente había solicitado esta información. Vamos que sucede luego de reportar nuestra posición:

Aeronave 1: Mantenga aproximación ILS y contacte a "Heathrow Torre" en frecuencia 118.5.

Aquí el control volvió a transferir nuestro vuelo a otra dependencia de control, en este caso a la torre del aeropuerto, quien nos brindará la autorización para aterrizar en la pista en uso de la siguiente manera:

Aeronave 1: Autorizado a aterrizar pista 27R. Viento calmo.

Una vez establecido el contacto radial con la torre de control, continuamos con la aproximación e iniciamos el descenso según el perfil que propone el ILS en cuestión.

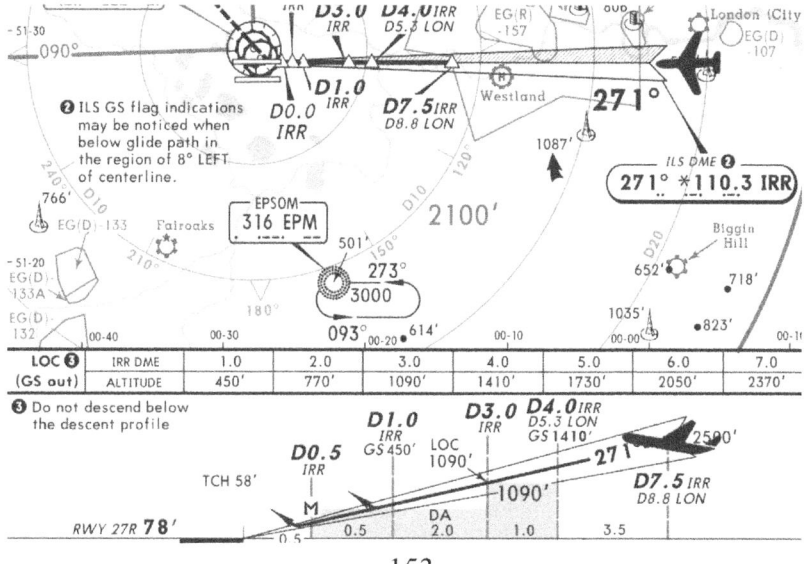

Observando la imagen anterior, iniciamos el descenso con la información o guía que nos brinda el GS, pero en caso de no recibir esa información de forma correcta, entre medio de la vista en planta y la vista de perfil, encontramos un cuadro informativo donde podemos obtener la altitud que deberíamos cruzar a una determinada distancia. Esta información es una excelente ayuda para confirmar el correcto funcionamiento del GS, o bien, utilizar esta información para reemplazar la información del GS en caso de que esta no fuese correcta. En este caso en particular, deberíamos continuar la aproximación ILS pero degradando la categoría de CAT IIIB a CAT I, ya que sin la información del GS, la carta de aproximación se convertiría en una aproximación de no precisión, volada por la información del LOC en su plano horizontal y por la información de altitud y distancia en su plano vertical o senda de planeo. Veamos algunos ejemplos.

Analizando el grafico informativo de las altitudes y distancias:

Ejemplo 1: sin información de GS, a una distancia de 4 NM el avión debería volar a través de 1410 FT.

Ejemplo 2: sin información de GS, a una distancia de 3 NM el avión debería volar a través de 1090 FT.

Pregunta: **que altitud debería atravesar el avión a las 3.5 NM?**

Continuando con el vuelo, recibimos la información del ILS completo y continuamos la aproximación siguiendo el LOC y el GS.

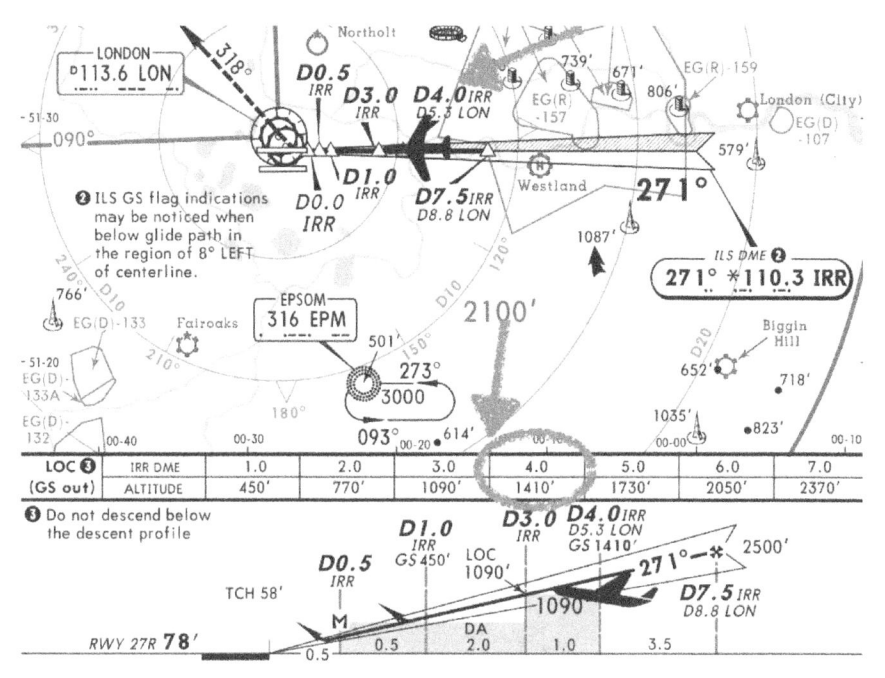

Pasando la distancia de 4.0 NM, la altitud del avión es de 1410 FT. La indicación del GS es correcta y continuamos con el perfil de descenso hasta el próximo punto de chequeo, la distancia 3.0 NM.

Al igual que cualquier ILS CAT I, una desviación de la indicación del GS es informada al piloto por el instrumento correspondiente, pudiendo éste corregir el perfil de descenso en todo momento con el fin de mantener el descenso óptimo para llegar al próximo punto de chequeo con la altitud correcta y la indicación del GS en la posición correspondiente.

El vuelo continua con el próximo punto de chequeo ubicado a la distancia 3.0 NM y a los 1090 FT. Es a esta altitud donde se toman acciones adicionales y especiales para un ILS CAT III.

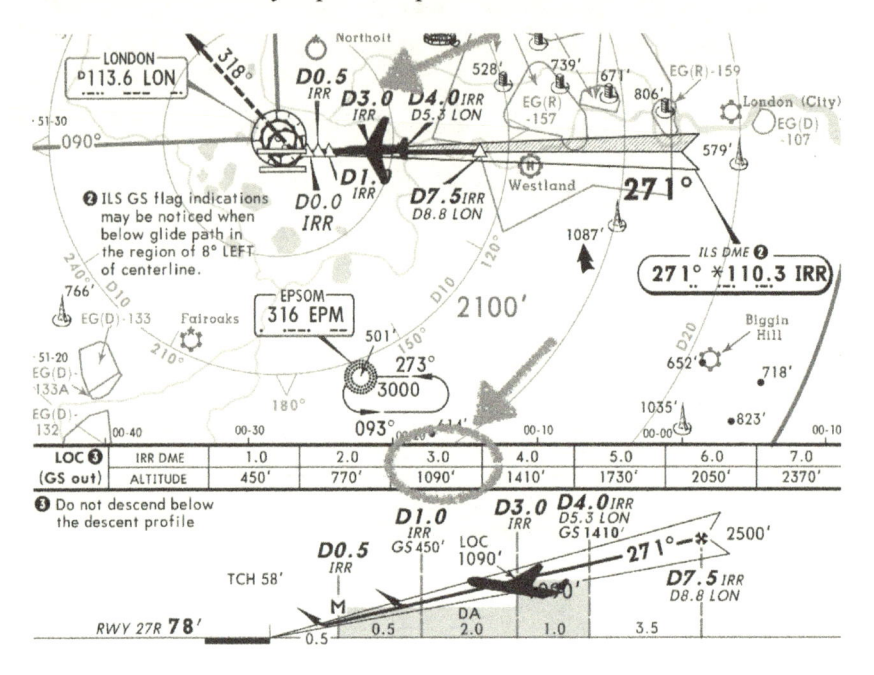

La altitud de 1000 FT sobre la elevación del terreno se considera el punto justo donde el vuelo debe estar estabilizado en todos sus parámetros y con todas las tareas relativas a la aproximación ya realizadas y completas (lectura de listas, configuración del avión, solución de conflictos y toda acción que requiera la atención de uno de los pilotos). Todo para dejar lugar únicamente a continuar con la observación del vuelo, el análisis de sus parámetros y tomar acción en caso de ser necesario un procedimiento de escape.

Los 1000 FT son la fase de transición donde la tripulación pasa a llevar a cabo una tarea de análisis y seguimiento del vuelo. En esta fase no esta permitido tomar ninguna acción con el avión, no se podrán leer listas, configurar parámetros, tener un dialogo ajeno a los "Call Out" establecidos, ni ninguna otra acción que no sea relativa a la situación actual. Esta particular fase de la aproximación la llamaremos *"Cabina Estéril"* donde la única acción que podrán hacer los pilotos será un escape.

Tratándose de una fase de concentración extrema de la tripulación, se han establecidos ciertas normas generales a seguir para realizar un escape. Se llevará a cabo este procedimiento en una aproximación ILS CAT III y por debajo de 1000 FT, ante cualquiera de las siguientes situaciones:

- Activación de cualquier alarma de urgencia o emergencia.
- Oscilación de alguno de los parámetros de navegación.
- Un "Callout" (comunicación) no respondido por uno de los pilotos (asumiendo desorientación espacial).
- Cualquier otra situación en la que la tripulación considere un riesgo continuar.

Esta fase de cabina estéril y sus respectivas restricciones está diseñada por cada operador. Veamos un ejemplo de lo que establece AIRBUS para esta fase y el procedimiento de escape:

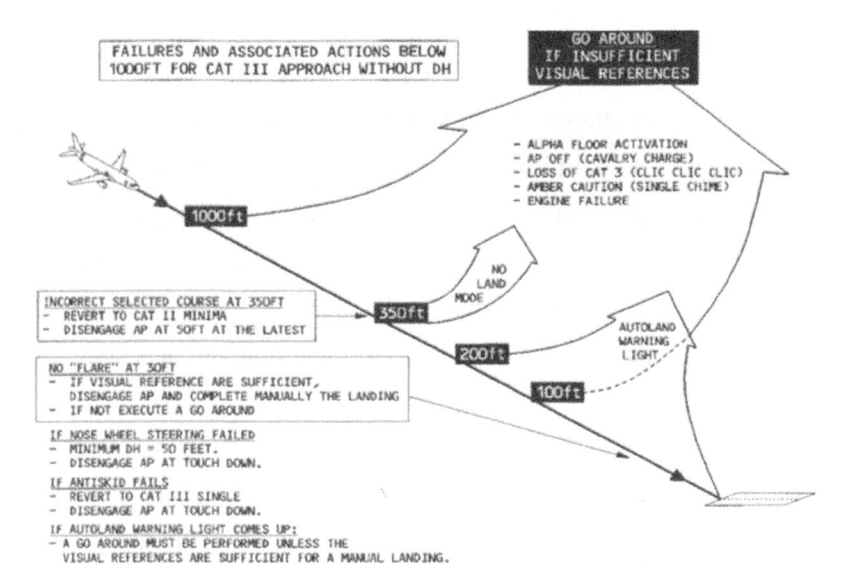

```
FAILURES AND ASSOCIATED ACTIONS BELOW        GO AROUND
1000FT FOR CAT III APPROACH WITHOUT DH       IF INSUFFICIENT
                                             VISUAL REFERENCES

                                          - ALPHA FLOOR ACTIVATION
                                          - AP OFF (CAVALRY CHARGE)
                                          - LOSS OF CAT 3 (CLIC CLIC CLIC)
                                          - AMBER CAUTION (SINGLE CHIME)
                                          - ENGINE FAILURE

                       1000ft

                                     NO
                                    LAND
 INCORRECT SELECTED COURSE AT 350FT  MODE
 - REVERT TO CAT II MINIMA
 - DISENGAGE AP AT 50FT AT THE LATEST      350ft
                                                        AUTOLAND
                                                        WARNING
                                              200ft     LIGHT
 NO "FLARE" AT 30FT
 - IF VISUAL REFERENCE ARE SUFFICIENT,
   DISENGAGE AP AND COMPLETE MANUALLY THE LANDING
 - IF NOT EXECUTE A GO AROUND                       100ft

 IF NOSE WHEEL STEERING FAILED
 - MINIMUM DH = 50 FEET.
 - DISENGAGE AP AT TOUCH DOWN.
 IF ANTISKID FAILS
 - REVERT TO CAT III SINGLE
 - DISENGAGE AP AT TOUCH DOWN.
 IF AUTOLAND WARNING LIGHT COMES UP:
 - A GO AROUND MUST BE PERFORMED UNLESS THE
   VISUAL REFERENCES ARE SUFFICIENT FOR A MANUAL LANDING.
```

En este ejemplo vemos que el operador propone ciertas condiciones para un escape dentro del rango de los 1000 FT. Adicionalmente propone otras situaciones extraordinarias donde también sugiere realizar un escape pero dentro de ciertos rangos de altitud.

Observando la figura, vemos que UNICA situación en la cual será mandatorio realizar un escape por debajo de los 200 FT, será cuando se enciende la luz de AUTOLAND (para AIRBUS la luz que indica una falla en el sistema de aterrizaje automático del avión).

Habiendo conocido esta fase de cabina estéril, es momento de continuar con nuestro vuelo e ingresar a nuestra propia cabina estéril habiendo cruzado los 1090 FT a la distancia de 3.0 NM. Volemos:

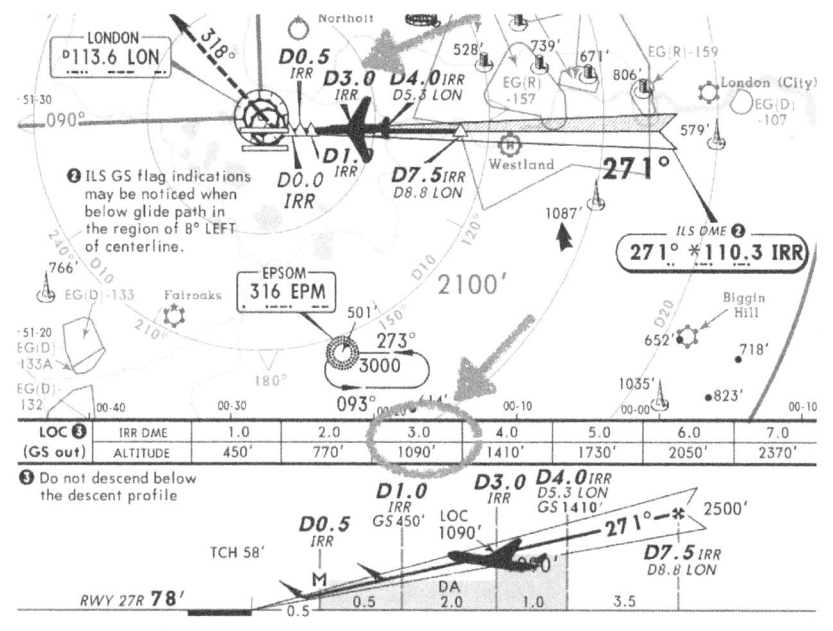

Continuamos con la aproximación ILS sin referencias visuales externas. Pasamos los 1000 FT habiendo terminado de configurar el avión para aterrizar y habiendo leído todas las listas correspondientes, por tal cuestión, consideramos que nuestra aproximación se encuentra estabilizada y puede continuar bajo el concepto de cabina estéril hasta llegar a la pista. Los siguientes puntos de control son la distancia 1.0 NM donde debemos tener 450 FT y la ultima posición, la distancia 0.5NM donde deberíamos tener 200 FT. Llegados a este punto, en la cabina se produce un cambio en la actitud de los pilotos, ya que el PM (pilot monitoring o piloto que monitorea) mantiene su vista en el interior de la cabina quedando atento a cualquier anomalía y el PF (pilot flying o pilot que vuela) eleva la vista para intentar hacer contacto visual con el terreno.

Este cambio en la cabina se debe a que, durante toda la fase debajo de los 1000 FT, ambos pilotos tenían la vista en el interior de la cabina por ser irrelevante la visión que pudieran tener del exterior. La cuestión cambia estando a menos de 200 FT del terreno, donde sería de mucha ayuda establecer contacto con el terreno para una eventual desconexión accidental del piloto automático y la necesidad de continuar con un aterrizaje manual. Ahora bien, supongamos que justo en ese momento donde llegamos a los 200 FT el vuelo se "pone en pausa" e intentamos imaginar que es lo que vería el piloto al levantar la vista en condiciones instrumentales de un ILS CAT III. Veamos:

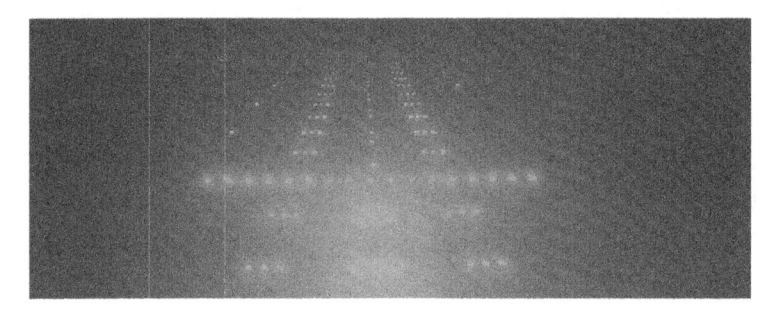

Ejemplificando un panorama bastante optimista, esta podría ser la visión del piloto al levantar la vista. Casi nada, solo las luces de pista y sus destellos dependiendo de la intensidad de la niebla. Luego de pasar los 200 FT, el aterrizaje continua de forma automática, dependiendo del equipamiento del avión, el cual guiará al mismo por el eje central de la pista, frenándolo hasta la velocidad de rodaje de forma automática. Es en este preciso momento donde el piloto toma el control manual de la aeronave y pasa a la siguiente etapa de un procedimiento AWO luego de un ILS CAT III. A partir de aquí, es el momento del LVTAXI (low visibility taxi).

Low Visibility Taxi (LVTAXI)

Como ya hemos aprendido, todo procedimiento de operación bajo una visibilidad extremadamente baja implica un gran riesgo y una extrema atención por parte de la tripulación. El caso de un rodaje bajo estas condiciones no es la excepción. Si bien el avión se encuentra en tierra y no en vuelo, el riesgo de esta operación es igual al riesgo de una operación de baja visibilidad en vuelo. Los rodajes con baja visibilidad pueden poner en riesgo las operaciones e incluso la seguridad de todos, contribuyendo a generar las siguientes situaciones:

- Incursión en pista.
- Colisión entre aeronaves.
- Error de posiciones y congestión del transito en tierra.
- Colisión con objetos y/o edificios del aeropuerto.
- Despiste.

Imaginemos una ruta o autopista donde nos encontramos manejando un auto y la niebla es tan intensa que no permite ver con claridad la línea central del carril por el que vamos. Esta situación podría llevar a que nuestro auto se salga de la carretera, impactando contra otro auto estacionado o cualquier edificación al costado de la ruta. Imaginemos también, que la niebla es tan intensa que no permite ver el cruce de dos rutas que tenemos adelante y que por tal omisión pasamos o cruzamos la ruta que intercepta a la nuestra, sin detenernos. Esto podría generar una colisión con otro auto proveniente de la otra ruta. Imaginemos que necesitamos hacer un cambio de ruta en esa intersección para llegar a nuestro destino, y por la niebla nos resulta imposible leer los carteles al costado de la ruta que nos indican el cambio de la misma y las distancias remanentes a cada destino. Esta omisión haría que nuestro viaje siga por la ruta equivocada pudiendo perdernos, quedarnos si combustible, entre otras situaciones indeseadas mas.

Ahora imaginemos que no es un auto, sino un avión, y que no son rutas sino calles de rodaje dentro de un aeropuerto internacional con varias pistas donde pueden cruzarse con las calles de rodaje y entre si mismas. Podríamos sufrir las mismas situaciones que en la ruta y el auto. Es por tal razón que la aviación mundial ha evolucionado y ha contemplado estas posibilidades. Debido a esto, se han generado los conocidos procedimientos de rodaje con baja visibilidad y se han confeccionado las cartas de rodaje para situaciones de baja visibilidad. Veamos algunos ejemplos:

SCEL/SCL **JEPPESEN** SMGCS

ARTURO MERINO BENITEZ INTL 23 SEP 16 (20-9C) **SANTIAGO, CHILE**

Less than RVR 550m **LOW VISIBILITY TAXI ROUTES**

ATIS Departure	SANTIAGO Delivery	Ground	Tower	SANTIAGO Center(R)
132.7	121.7	122.2 122.5	118.1 118.35	119.7 129.7

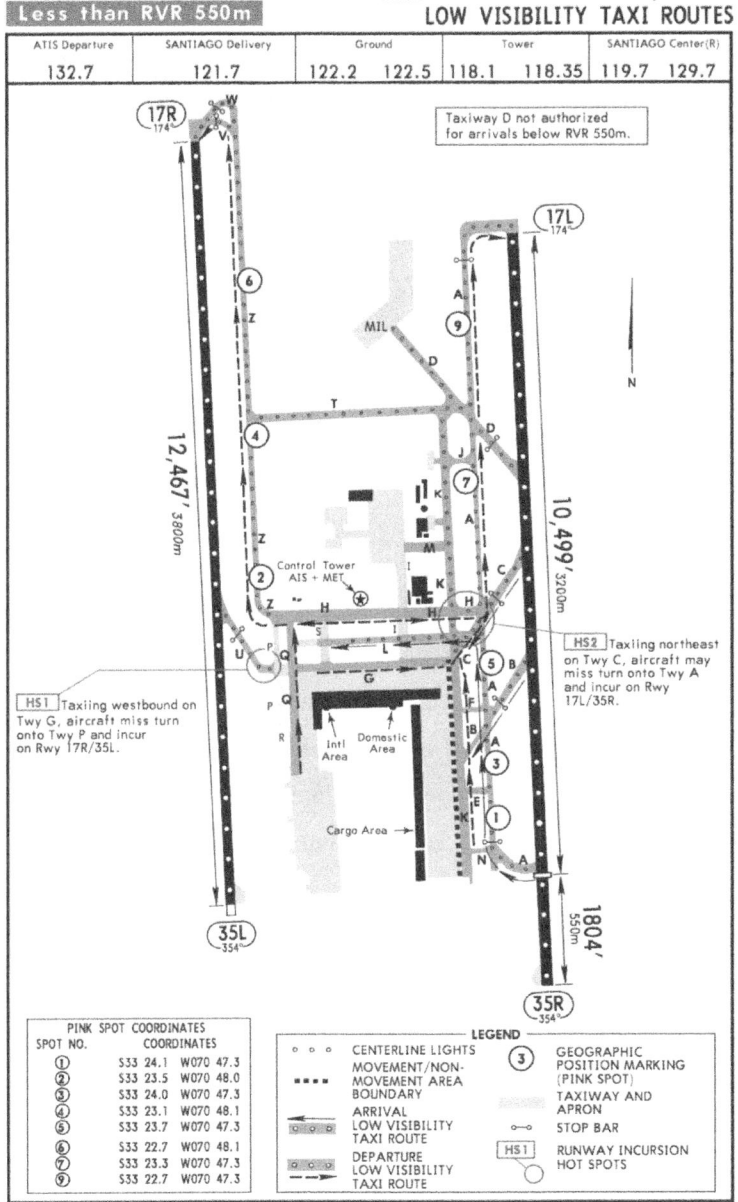

PINK SPOT COORDINATES

SPOT NO.	COORDINATES
1	S33 24.1 W070 47.3
2	S33 23.5 W070 48.0
3	S33 24.0 W070 47.3
4	S33 23.1 W070 48.1
5	S33 23.7 W070 47.3
6	S33 22.7 W070 48.1
7	S33 23.3 W070 47.3
9	S33 22.7 W070 47.3

LEGEND

- CENTERLINE LIGHTS
- MOVEMENT/NON-MOVEMENT AREA BOUNDARY
- ARRIVAL LOW VISIBILITY TAXI ROUTE
- DEPARTURE LOW VISIBILITY TAXI ROUTE
- GEOGRAPHIC POSITION MARKING (PINK SPOT)
- TAXIWAY AND APRON
- STOP BAR
- HS1 RUNWAY INCURSION HOT SPOTS

En este ejemplo tomamos la información del procedimiento de baja visibilidad del Aeropuerto Internacional de Santiago de Chile (SCEL). El mismo cuenta con una carta de rodaje para baja visibilidad, donde se grafica en detalle la ruta mas adecuada para un rodaje exitoso, y además, cuenta con una carta informativa donde describe el ámbito de aplicación del procedimiento, las ayudas visuales con las que cuenta el aeropuerto, el sistema de radar e instrucciones específicas para las partidas y para los arribos. Veamos:

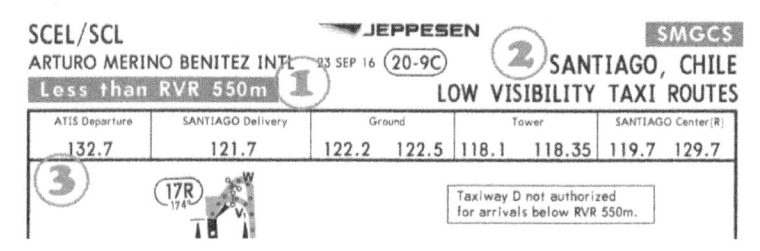

SCEL/SCL ARTURO MERINO BENITEZ INTL Less than RVR 550m ①	JEPPESEN 23 SEP 16 (20-9C)	② SANTIAGO, CHILE SMGCS LOW VISIBILITY TAXI ROUTES
ATIS Departure 132.7	SANTIAGO Delivery 121.7	Ground 122.2 122.5	Tower 118.1 118.35	SANTIAGO Center(R) 119.7 129.7

③ 17R/174°   Taxiway D not authorized for arrivals below RVR 550m.

Analizando el extracto de la carta de LVT (low visibility taxi), la primera información diferente al resto de las castas es la indicada con el numero 1, la cual hace referencia a que este procedimiento se aplica únicamente cuando el RVR es inferior a 550 Mts. En el punto numero 2, se menciona el nombre de la ciudad donde esta ubicado el aeropuerto y la clase de procedimiento que se describe en la carta. Por ultimo, en el punto numero 3, se mencionan odas las frecuencias que intervienen en este procedimiento, ya sea para arribos como para partidas. Si bien esta carta en particular tiene sus frecuencias diagramadas con un orden lógico de operación para operaciones de rodajes previos al despegue o partidas, esta misma carta es normalmente utilizada para procedimientos de rodaje luego del aterrizaje pero con la salvedad de que el orden lógico de las frecuencias no debería respetarse, ya que al aterrizar, estamos en contacto con la frecuencia de torre y luego pasamos a la frecuencia de rodaje para las instrucciones finales. Veamos ahora el detalle del gráfico del aeropuerto con sus pistas y calles de rodajes:

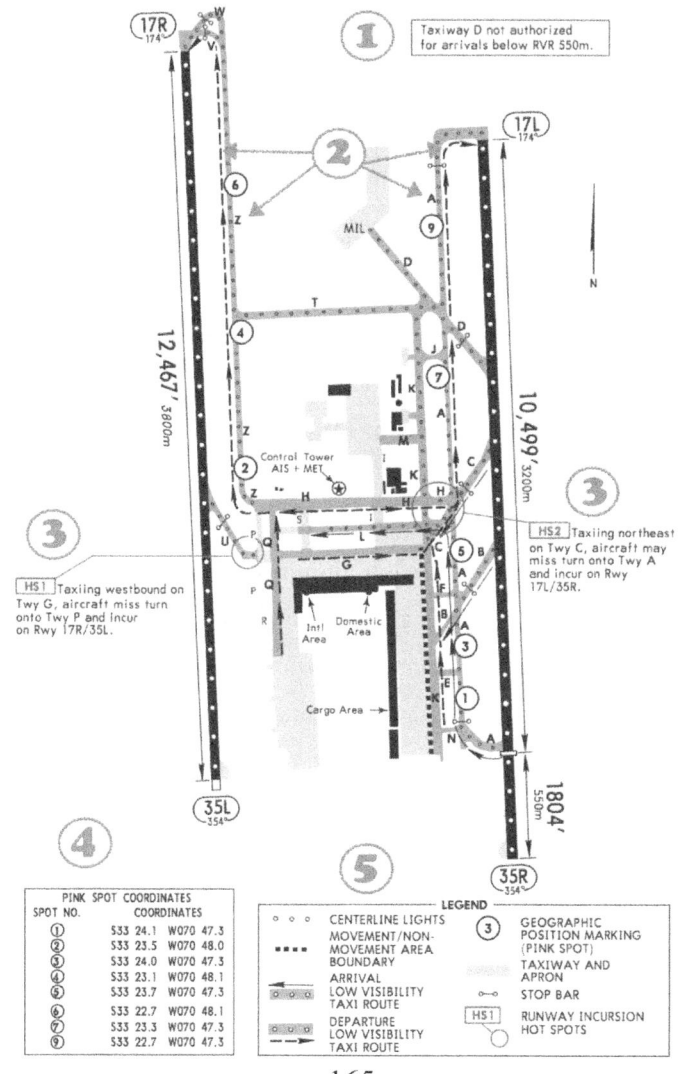

165

Antes de comenzar el análisis de cada punto, vemos que esta carta no esta diseñada para una pista en particular, sino que esta planificada para una operación en general, considerando todas las pistas. En este caso en particular, solo las pistas 17R y 17 L poseen calles de rodajes que desembocan justo en la cabecera y las pistas 35L y 35 R para acceder a las mismas es necesario un rodaje por dentro de la pista. Por tal motivo, es que esta carta prevé el procedimiento de LVT únicamente para las pistas 17R y 17L. Veamos:

En el punto numero uno encontramos una aclaración dentro de un recuadro que menciona una restricción para una determinada calle de rodaje. Sobre el punto numero dos se encuentran las dos calles de rodajes principales de este procedimiento, las calles de rodaje o "Taxiway" (TWY) A y Z, siendo: TWY A y TWY Z. Cada una de ellas conduce al avión hasta la pista de pista 17L y 17R respectivamente. Notamos que dentro del dibujo de la calle se grafican puntos, los mismos simbolizan un sistema de iluminación propio de cada calle. A un lado de la calle se grafica un camino armado por flechas en una dirección determinada, este camino indica la ruta a seguir para llegar a la pista. Los símbolos del punto numero tres, son quizás los mas importantes de la carta, son conocidos como HS "Hot Spots" o puntos calientes. Se interpretan como puntos críticos donde la tripulación puede confundir las instrucciones de rodaje y tomar una acción diferente a la autorizada por confusión con otra calle o intersección de pista. Los HS suelen encontrarse en aeropuertos de gran porte donde suelen cruzarse las calles, pistas e instalaciones. Es usual encontrar mas de un HS en un mismo aeropuerto, y al lado de cada uno de estos HS debe aclararse el posible conflicto o confusión que pudiese surgir. Por ejemplo:

- **HS1:** Sobre TWY G, rodando hacia el oeste, la aeronave puede omitir o equivocar el rumbo de giro para continuar por TWY P e ingresar a TWY U, lo que podría generar una invasión en pista 17R/35L, cuando en realidad debió continuar por TWY P hasta TWY Z para la pista de pista 17R.

- **HS2:** Sobre TWY C, rodando hacia el noreste, la aeronave puede equivocar el rumbo de giro para continuar por TWY A y continuar por TWY C, lo que puede generar una incursión en pista 17L/35R sin autorización, cuando en realidad debió continuar por TWY A hasta la pista de pista 17L.

En el punto numero cuatro encontramos varias posiciones numeradas a lo largo de las calles de rodaje. Cada posición posee sus correspondientes coordenadas geográficas y su función se basa en poseer una determinada posición en caso de estar "perdidos" dentro del aeropuerto por baja visibilidad. En este caso suele ser común que las aeronaves mencionen en cuál de estos puntos se han detenido y solicitan un vehículo de auxilio para el rodaje conocido como "Follow Me Car" o auto de "sígame".

Este auto posee un cartel de FOLLOW ME en su techo con flechas luminosas, se ubica frente al avión e inicia su marcha hasta la cabecera, si es un despegue, o hasta la posición de estacionamiento, si es un aterrizaje. El trabajo de la aeronave se limitará a seguir al auto, quien, por estar mas próximo al suelo, posee una mejor referencia visual de la calle de rodaje, sus marcas y luces. Antes de continuar, conozcamos a los "Follow me Cars"!

Volviendo al detalle de la carta, llegamos al ultimo punto, el numero cinco. En este recuadro encontramos toda la información relativa a las diferentes marcaciones que podemos observar en la carta y que son de suma importancia para un buen entendimiento de la misma.

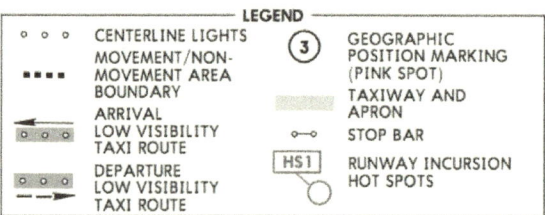

```
──── LEGEND ────
o o o   CENTERLINE LIGHTS        (3)   GEOGRAPHIC
        MOVEMENT/NON-                  POSITION MARKING
■ ■ ■ ■ MOVEMENT AREA                  (PINK SPOT)
        BOUNDARY                       TAXIWAY AND
        ARRIVAL                        APRON
o o o   LOW VISIBILITY           o—o   STOP BAR
        TAXI ROUTE
                                 HS1   RUNWAY INCURSION
        DEPARTURE                      HOT SPOTS
o o o   LOW VISIBILITY
───▶    TAXI ROUTE
```

Adicionalmente a las cartas de Low Visibility Taxi Routes, los aeropuertos proveen de una segunda carta mas descriptiva de los procedimientos de baja visibilidad, donde detallan en texto claro cada procedimiento establecido para la condición de visibilidad reducida.

Respetando el mismo formato que la anterior, comienza con un encabezado informativo, donde describe la sigla del aeropuerto, la fecha vigencia, la ciudad del aeropuerto, el numero de carta, el nombre del aeropuerto y debajo de esta información, dentro de un recuadro, el tema a tratar. Veamos:

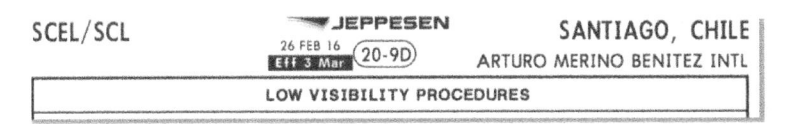

```
SCEL/SCL          JEPPESEN           SANTIAGO, CHILE
                  26 FEB 16  (20-9D)
                  Eff 3 Mar          ARTURO MERINO BENITEZ INTL
              LOW VISIBILITY PROCEDURES
```

A diferencia de la carta anterior, esa carta e totalmente descriptiva y carece de todo tipo de grafico. Veamos:

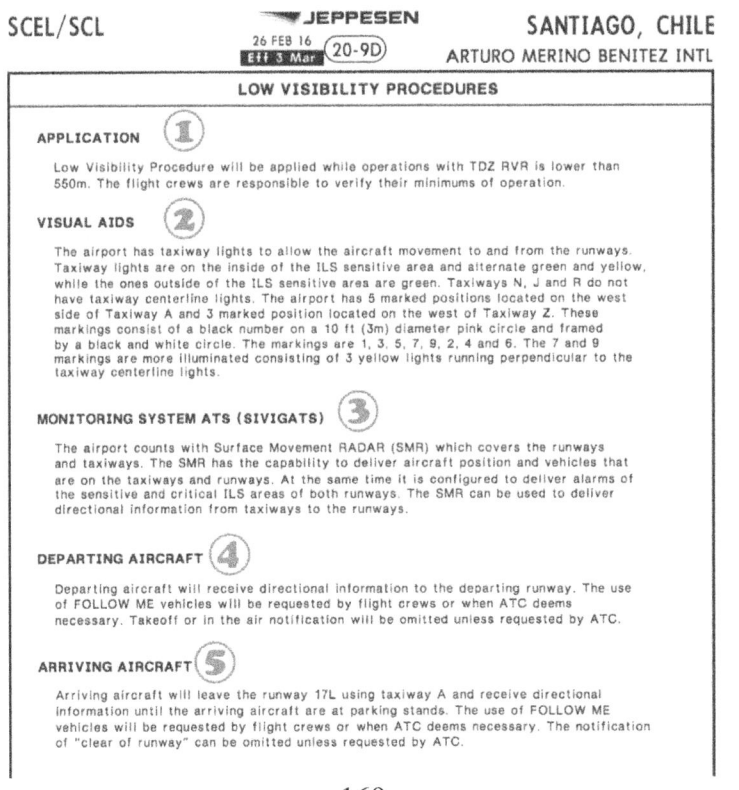

```
SCEL/SCL          JEPPESEN           SANTIAGO, CHILE
                  26 FEB 16  (20-9D)
                  Eff 3 Mar          ARTURO MERINO BENITEZ INTL
              LOW VISIBILITY PROCEDURES
```

APPLICATION ①

Low Visibility Procedure will be applied while operations with TDZ RVR is lower than 550m. The flight crews are responsible to verify their minimums of operation.

VISUAL AIDS ②

The airport has taxiway lights to allow the aircraft movement to and from the runways. Taxiway lights are on the inside of the ILS sensitive area and alternate green and yellow, while the ones outside of the ILS sensitive area are green. Taxiways N, J and R do not have taxiway centerline lights. The airport has 5 marked positions located on the west side of Taxiway A and 3 marked position located on the west of Taxiway Z. These markings consist of a black number on a 10 ft (3m) diameter pink circle and framed by a black and white circle. The markings are 1, 3, 5, 7, 9, 2, 4 and 6. The 7 and 9 markings are more illuminated consisting of 3 yellow lights running perpendicular to the taxiway centerline lights.

MONITORING SYSTEM ATS (SIVIGATS) ③

The airport counts with Surface Movement RADAR (SMR) which covers the runways and taxiways. The SMR has the capability to deliver aircraft position and vehicles that are on the taxiways and runways. At the same time it is configured to deliver alarms of the sensitive and critical ILS areas of both runways. The SMR can be used to deliver directional information from taxiways to the runways.

DEPARTING AIRCRAFT ④

Departing aircraft will receive directional information to the departing runway. The use of FOLLOW ME vehicles will be requested by flight crews or when ATC deems necessary. Takeoff or in the air notification will be omitted unless requested by ATC.

ARRIVING AIRCRAFT ⑤

Arriving aircraft will leave the runway 17L using taxiway A and receive directional information until the arriving aircraft are at parking stands. The use of FOLLOW ME vehicles will be requested by flight crews or when ATC deems necessary. The notification of "clear of runway" can be omitted unless requested by ATC.

En punto numero uno comienza detallando el ámbito de aplicación de este procedimiento y poner como restricción el empleo de esta carta únicamente cuando el RVR sea menor a 550 Mts. El punto numero dos describe todas las ayudas visuales que posee el aeropuerto, ya sean luces, marcas de pista, señalizaciones, etc. El punto numero tres menciona y describe un sistema de monitoreo de para rodajes con baja visibilidad. Este sistema, similar a un radar de tierra, es un equipamiento opcional de cada aeropuerto, usualmente instalados en grandes aeropuertos de gran capacidad de transito y condiciones meteorológicas complejas. En el punto cuatro se detallan las instrucciones y restricciones del procedimiento de baja visibilidad para aeronaves que planifican su partida. En el punto cinco, similar al anterior, se detallan las instrucciones y restricciones del procedimiento de baja visibilidad para aeronaves que planifican su arribo.

Si bien los procedimientos de baja visibilidad son propios de cada aeropuerto, normalmente suelen respetar el mismo formato en todos los aeropuertos del mundo. Considerando las salvedades operativas de cada uno de ellos, pueden presentar variables mas complejas o mas simples. Los procedimientos de baja visibilidad son establecidos por cada autoridad aeronáutica en cada país y se adaptan a las normas vigentes de dicha autoridad.

Veamos un ejemplo de un aeropuerto con un procedimiento mas simple y/o acotado que el anterior. Estudiemos los procedimientos de baja visibilidad para el Aeropuerto Internacional de Ezeiza (SAEZ).

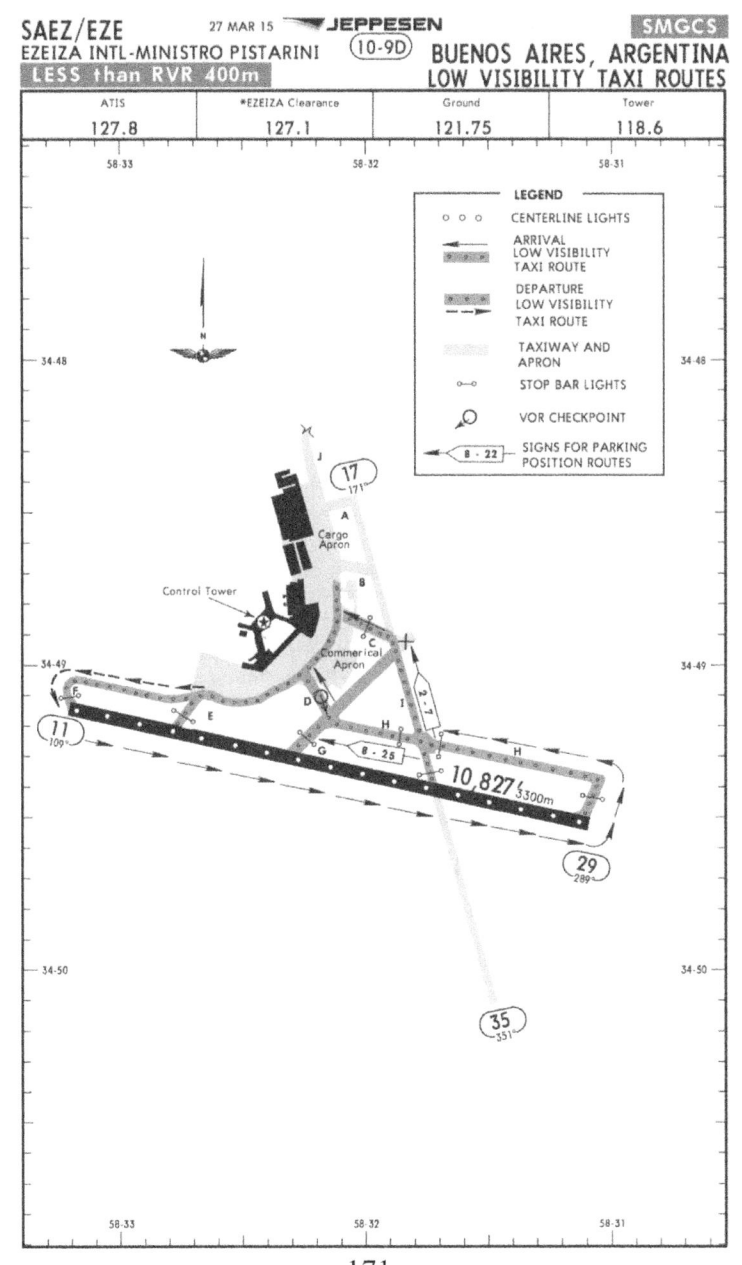

SAEZ/EZE
EZEIZA INTL-MINISTRO PISTARINI
LESS than RVR 400m

27 MAR 15 — JEPPESEN — (10-9D) — SMGCS

BUENOS AIRES, ARGENTINA
LOW VISIBILITY TAXI ROUTES

ATIS	*EZEIZA Clearance	Ground	Tower
127.8	127.1	121.75	118.6

LEGEND
- ○ ○ ○ CENTERLINE LIGHTS
- ARRIVAL LOW VISIBILITY TAXI ROUTE
- DEPARTURE LOW VISIBILITY TAXI ROUTE
- TAXIWAY AND APRON
- STOP BAR LIGHTS
- VOR CHECKPOINT
- 8-22 SIGNS FOR PARKING POSITION ROUTES

Runway 17/35, Runway 11/29 (10,827'/3300m)

Cargo Apron, Commercial Apron, Control Tower

| SAEZ/EZE | 27 MAR 15 **JEPPESEN** 10-9E | **PARKING** BUENOS AIRES, ARGENTINA EZEIZA INTL-MINISTRO PISTARINI |

ATC PROCEDURES FOR TAXIING UNDER LOW VISIBILITY (RVR LESS THAN 400 METERS)

ILS CAT II/IIIA OPERATIONS - EZEIZA INTL - MINISTRO PISTARINI
(Special aircraft certification and aircrew qualification required)
The following procedures are applicable with RVR less than 400m and/or a ceiling or vertical visibility of 60m (200') or less.

ILS Sensitive Area
The ILS sensitive area (LSA) is protected by a system of red colored stop bars on Taxiways Echo, Foxtrot, Golf, Hotel, India and at the aircraft alternate parking positions, prior to entering Runway 11. Aircraft and vehicles shall not cross a lighted stop bar.
Arriving aircraft must notify 'Runway Clear ' ('Pista Libre ') upon exiting the runway.

Taxiing
Unless exclusively cleared by the Control Tower, all arriving aircraft must exit Runway 11 using Taxiway 'Hotel '.

For parking positions 2 thru 7
Via Taxiway 'Hotel ' to Taxiway 'India ' to Taxiway 'Charlie', and then to the parking positions.

For parking positions 8 thru 25
Via Taxiway 'Hotel ' to Taxiway 'Delta' and then to the parking positions.

Taxiing to 11 threshold
Aircraft departing from their parking positions, unless otherwise authorized by the Control Tower, must taxi under their own power on Taxiway 'Foxtrot ' until reaching the red stop bar prior to entering Runway 11.

In conditions of marginal visibility a 'FOLLOW ME' ('SIGAME') vehicle will be arranged as required.

Estas cartas del aeropuerto de EZEIZA son utilizadas cuando el RVR es inferior a 400 Mts, a diferencia de las cartas anteriores en el aeropuerto de Santiago de Chile, donde eran utilizadas con un RVR inferior a 550 Mts.

Comenzando por la carta gráfica del aeropuerto, vemos que respeta el mismo formato que las anteriores. Posee un encabezado informativo. Una fila de frecuencias con un orden lógico de operación y luego pasa al plano grafico. Veamos:

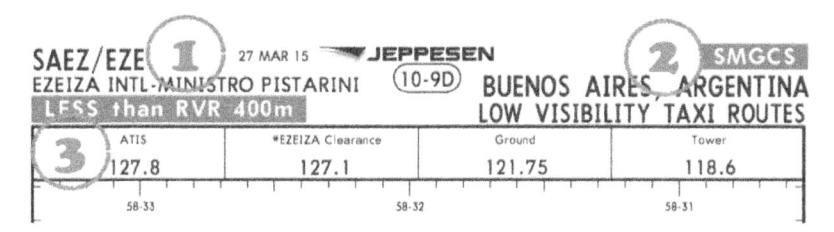

SAEZ/EZE ①	27 MAR 15	JEPPESEN	② SMGCS
EZEIZA INTL-MINISTRO PISTARINI	(10-9D)	BUENOS AIRES, ARGENTINA	
LESS than RVR 400m		LOW VISIBILITY TAXI ROUTES	
③ ATIS	*EZEIZA Clearance	Ground	Tower
127.8	127.1	121.75	118.6
58-33	58-32		58-31

En el punto numero uno, observamos el nombre del aeropuerto y su designación o código OACI. Justo debajo de el, la aclaración de uso de la carta, en este caso, utilizable cuando el RVR sea inferior a 400 Mts. A la derecha continuamos con la fecha de publicación, luego el numero de carta hasta llegar al punto numero dos. En este punto encontramos el nombre de la ciudad del aeropuerto y debajo, el tipo de procedimiento presentado. En el punto numero tres, encontramos las frecuencias que se prevén utilizar en esta carta. Ubicadas con un orden lógico para operaciones de salidas o partidas, pudiendo también ser utilizadas para operaciones de arribos.

Ya en el plano grafico del aeropuerto, lo primero que encontramos luego de las frecuencias es este cuadro informativo con un detalle del significado de cada uno de los dibujos o señales que luego encontraremos en la carta. Esta simbología es universal y aplica a cualquier carta del mundo. Pasemos ahora a la carta grafica:

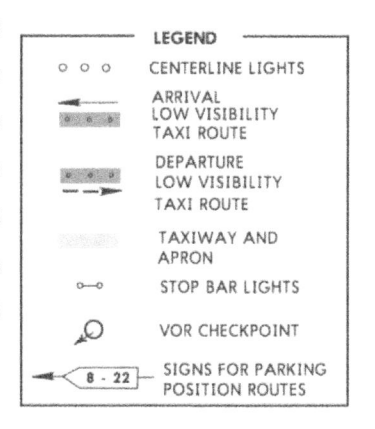

LEGEND	
○ ○ ○	CENTERLINE LIGHTS
←	ARRIVAL LOW VISIBILITY TAXI ROUTE
←	DEPARTURE LOW VISIBILITY TAXI ROUTE
	TAXIWAY AND APRON
○—○	STOP BAR LIGHTS
⌀	VOR CHECKPOINT
← 8-22	SIGNS FOR PARKING POSITION ROUTES

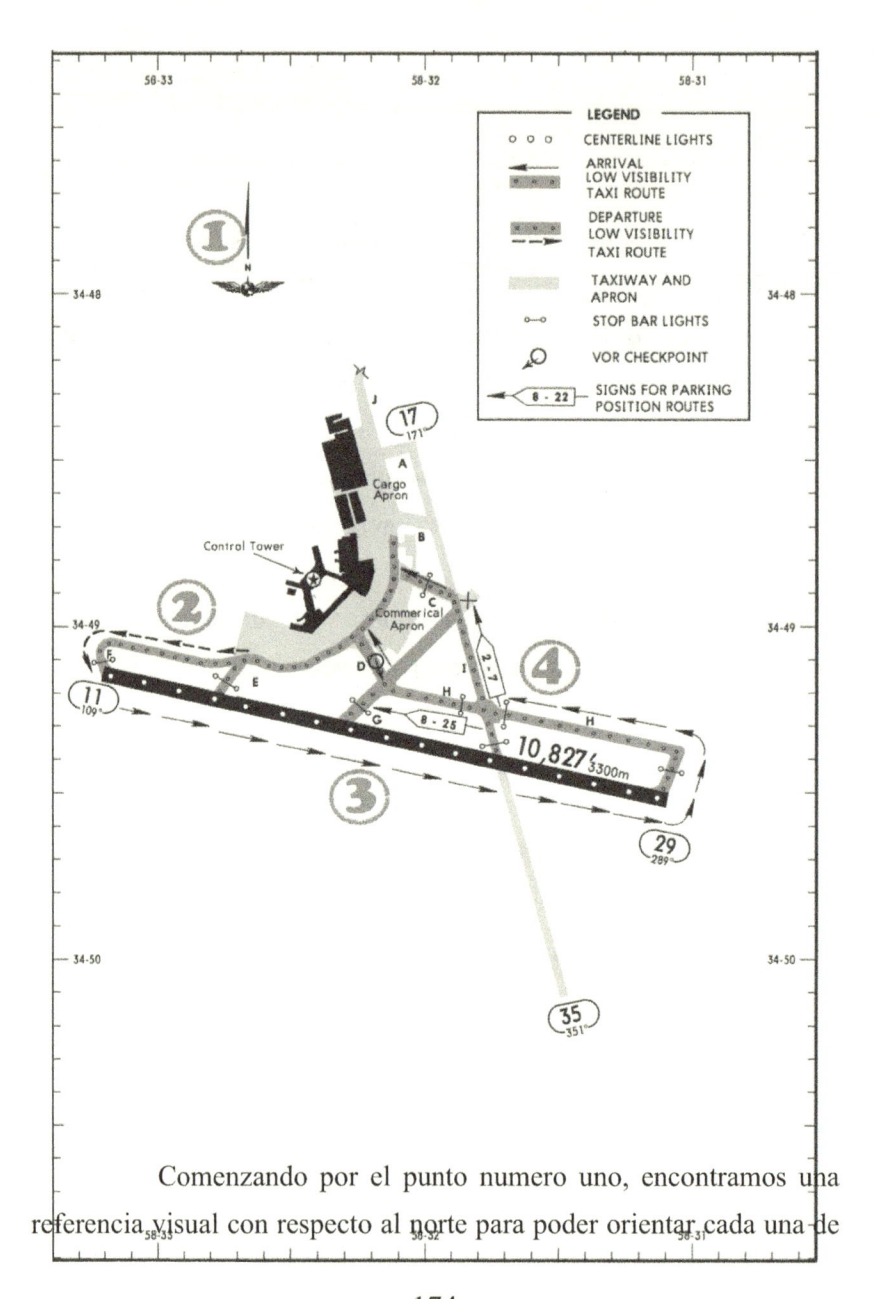

Comenzando por el punto numero uno, encontramos una referencia visual con respecto al norte para poder orientar cada una de las cabeceras de pista. El punto numero dos, indica la ruta de taxi para salidas con baja visibilidad. Tal como lo indica el símbolo de la flecha intermitente en el cuadro de símbolos de páginas anteriores. En el punto numero tres encontramos la ruta de taxi para arribos con flechas indicando la dirección a seguir. Por ultimo, en el punto numero cuatro, continuamos con el rodaje en baja visibilidad y llegamos a una "Stop Bar Light". En este punto el avión debe detener su marcha por completo y luego continuar según la instrucción del control de superficie. Las "Stop Bar Light" suelen encontrarse en calles de rodaje donde exista una intersección con otra calle o cruce de pistas, debido a que puede ser confuso para la tripulación continuar por el rodaje sin las instrucciones precisas del control terrestres y en condiciones de baja visibilidad. Similar a los ya conocidos HS o Hot Spots, las SBL o Stop Bar Light, funcionan como una advertencia de precaución para la tripulación en condiciones climáticas extremas. Al igual que en el estudio del aeropuerto anterior, se podría solicitar el servicio de asistencia al rodaje con un vehículo especial al que hemos conocido como "Follow Me car".

Veamos ahora el detalle de la carta descriptiva del aeropuerto de SAEZ. Al igual que la anterior del aeropuerto de SCEL, es completamente textual y describe los procedimientos para cada caso. Veamos:

SAEZ/EZE ①	JEPPESEN BUENOS AIRES, ARGENTINA **PARKING**
	27 MAR 15 (10-9E) EZEIZA INTL-MINISTRO PISTARINI

② **ATC PROCEDURES FOR TAXIING UNDER LOW VISIBILITY**
(RVR LESS THAN 400 METERS)

ILS CAT II/IIIA OPERATIONS - EZEIZA INTL - MINISTRO PISTARINI ③
(Special aircraft certification and aircrew qualification required)
The following procedures are applicable with RVR less than 400m and/or a ceiling or vertical visibility of 60m (200') or less.

ILS Sensitive Area ④
The ILS sensitive area (LSA) is protected by a system of red colored stop bars on Taxiways Echo, Foxtrot, Golf, Hotel, India and at the aircraft alternate parking positions, prior to entering Runway 11. Aircraft and vehicles shall not cross a lighted stop bar. Arriving aircraft must notify 'Runway Clear ' ('Pista Libre ') upon exiting the runway.

Taxiing ⑤
Unless exclusively cleared by the Control Tower, all arriving aircraft must exit Runway 11 using Taxiway 'Hotel '.

For parking positions 2 thru 7 ⑥
Via Taxiway 'Hotel ' to Taxiway 'India' to Taxiway 'Charlie', and then to the parking positions.

For parking positions 8 thru 25 ⑦
Via Taxiway 'Hotel ' to Taxiway 'Delta' and then to the parking positions.

Taxiing to 11 threshold ⑧
Aircraft departing from their parking positions, unless otherwise authorized by the Control Tower, must taxi under their own power on Taxiway 'Foxtrot ' until reaching the red stop bar prior to entering Runway 11.

In conditions of marginal visibility a 'FOLLOW ME' ('SIGAME') vehicle will be arranged as required.

Similar al resto de las cartas, en el punto numero uno encontramos información del aeropuerto, fecha de publicación de la carta y numero de la misma. En el punto dos, se describe la finalidad del procedimiento y el ámbito de aplicación. En este caso con un RVR menor a 400 Mts. En el punto numero tres, nuevamente se describe el ámbito de aplicación de este procedimiento y se aclara la obligatoriedad de la certificación ILS CAT II/III para operar. En el punto numero cuatro, encontramos una descripción del área sensible ILS y sus respectivas restricciones operativas.

En el punto numero cinco se describe una restricción de taxi para los arribos. En los puntos seis y siete para los aviones que llegan a las posiciones de estacionamiento, desde la numero dos hasta la numero veinticinco. Por ultimo, en el punto numero ocho, encontramos las instrucciones de taxi para las aeronaves que planifican su salida o partida desde la pista de la pista 11.

Al finalizar la carta se menciona que en caso de ser necesario en condiciones marginales de visibilidad, un vehículo "Follow Me" estará disponible para la operación.

Low Visibility TakeOff (LVTO)

Llegando al final de este manual, resta estudiar el último procedimiento de baja visibilidad o Low Visibility Procedure (LVP), conocidos como Procedimientos AWO. Ahora es el turno de los despegues en condiciones de baja visibilidad.

Si bien OACI requiere que todo procedimiento con un RVR inferior a 500 Mts se considere un LVP, los LVTO se llevan a cabo cuando el RVR es inferior a 400 Mts pero superior a 75 Mts. Ahora bien, seguramente se deben hacer la siguiente pregunta:

- *¿Que es lo que pueden ver un piloto con un RVR de 75 Mts en la pista?*

La visibilidad de la pista y sus marcas durante un despegue con un RVR de 75 Mts es casi nula. Solo unos pocos metros hacia delante sirven de referencia visual para realizar el despegue.

Un despegue en condiciones de baja visibilidad requiere maniobrar el avión manualmente y casi sin referencias visuales exteriores. Las compañías aéreas invierten grandes sumas de dinero en la capacitación de sus tripulaciones con el fin de lograr una eficiencia extrema en cada procedimiento.

El entrenamiento para un procedimiento de LVTO esta basado en cursos teóricos y prácticos en simuladores del avión a volar. Al igual que las habilitaciones de ILS CAT II/III, es un requisito fundamental mantener el entrenamiento adecuado con el correr del tiempo ya que la falta de práctica en un procedimiento de estas características, podría ser fatal.

A lo largo de las páginas, hemos atravesado por diferentes etapas de un procedimiento ILS y a lo largo de todas sus categorías. Habiendo conocido desde dentro, todo lo relacionado a una operación en baja visibilidad, pudimos practicar un vuelo real en diferentes aeropuertos.

La complejidad de los procedimientos es cada día mas alta, y por tal razón, es necesario mantener a las tripulaciones en continuo entrenamiento.

Partiendo de la base de que una lectura no reemplaza a una práctica, podemos tomar este manual como una herramienta mas que sumará contenidos para que la práctica sea cada vez mas precisa.

Por ultimo, participemos de un cuestionario para saber con exactitud cuantos conocimientos hemos asimilado a lo largo de esta lectura. Si al finalizar el mismo sentimos que hemos aprendido tan solo un concepto nuevo, este libro o manual ha cumplido su misión!

Buenos vuelos y happy landings!

CUESTIONARIO

ILS CAT I-II-III

Cuestionario Final

1) Establecer los mínimos operativos para cada categoría de ILS:

Categorías de ILS (Sistema de Aterrizaje por Instrumentos)			
Categoría	Altura de Decisión	Rango Visual de la Pista (RVR)	Visibilidad Mínima
CAT I			
CAT II			
CAT IIIa			
CAT IIIb			
CAT IIIc			

2) Un sistema de ILS posee tres radiobalizas de ayuda, cada una de ellas con un nombre, un color y un código morse. Complete:

- 1) Nombre:………….. Color:……………. Código:
- 2) Nombre:………….. Color:……………. Código:
- 3) Nombre:………….. Color:……………. Código:

3) Para una aproximación ILS CAT II – III se necesita lo siguiente:
   A. Certificación de la tripulación y del avión.
   B. Certificación del aeropuerto y del explotador.
   C. Certificación de la tripulación, explotador pero no del avión.
   D. Certificación de la tripulación, del avión pero no del explotador.
   E. Respuestas A y B son correctas.

4) Se define RVR como:
   A. Visibilidad horizontal en el aeródromo.
   B. Visibilidad vertical desde el puesto del piloto hacia abajo.
   C. Visibilidad desde el puesto del piloto a lo largo del eje de pista.
   D. Todas son correctas.
   E. Ninguna es correcta.

5) Se entiende por AWO a los siguientes procedimientos:
   A. ILS CAT I-II-III, LVTO, LVTAXI.
   B. ILS CAT II-III, LVTAXI.
   C. ILS CATIII B-C, LVTO.
   D. Ninguna respuesta es correcta.

6) El vehículo conocido como "Follow Me car" cumple la misión de:
   A. Guiar a las aeronaves durante el despegue a través de la pista en condiciones de baja visibilidad.
   B. Guiar a las aeronaves durante el rodaje en baja visibilidad.
   C. Guiar a las aeronaves únicamente durante el rodaje hacia la pista, previo al despegue.
   D. Guiar a las aeronaves únicamente durante el rodaje hacia la plataforma, posterior al aterrizaje.
   E. Todas son correctas.

7) Observando una carta del diagrama de un aeropuerto, encontramos un punto denominado HS o hot spot y su misión es la siguiente:
   A. Advertir a la tripulación de un posible punto conflictivo en la calle de rodaje.
   B. Advertir a la tripulación de una intersección entre calles de rodajes y/o pistas.
   C. Indicar a la tripulación las instrucciones claras a seguir a partir de ese punto para evitar confusiones.
   D. Todas son correctas.
   E. Ninguna es correcta.

8) En el umbral de una pista, justo debajo de la numeración podemos encontrar franjas o tiras que definen el ancho de la pista. Defina el ancho de pista para casa caso:

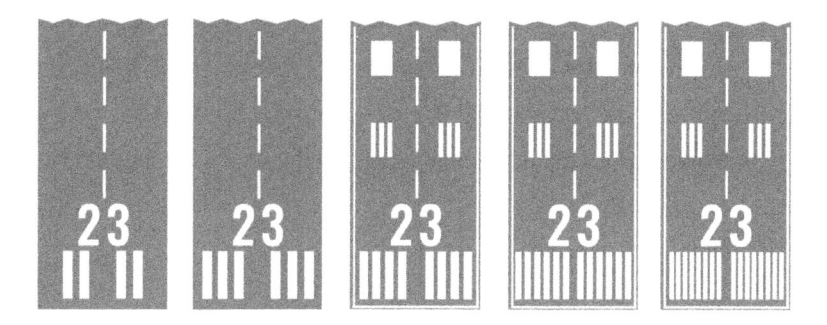

9) Se entiende por Área Critica de ILS a:

   A. Un área de dimensiones definidas alrededor de las antenas del LOC y del GS donde no se permite el transito de vehículos durante las operaciones ILS CAT.

   B. Un área donde los aviones pueden producir cierta interferencia en los equipos del sistema ILS , pudiendo poner en riesgo las operaciones ILS CAT.

   C. Respuestas A y B son correctas.

   D. Ninguna respuesta es correcta.

10) Como se toma la medición de un RVR en un aeródromo?

   A. Mediante dos transmisómetros a lo largo de la pista. Uno emite una proyección de luz y otro recibe esa proyección, dando un valor determinado de intensidad y traduciendo este valor en RVR.

   B. Mediante un transmisómetro a lo largo de la pista. Emite una proyección de luz, otorga un valor determinado de intensidad y traduce este valor en RVR.

   C. Ninguna es correcta ya que el RVR es una información meteorológica medida en un centro de diagnostico.

Made in United States
Orlando, FL
13 October 2023